LES COLLECTIVITÉS TERRITORIALES ET L'INTÉGRATION EUROPÉENNE

COLLECTION « DROIT » N° 1

Les collectivités territoriales et l'intégration européenne

Textes réunis et édités par Nicole LEROUSSEAU
et Jean ROSSETTO

ACTES DU COLLOQUE DU 19 NOVEMBRE 2004

Organisé par le Laboratoire d'Etudes des Réformes Administratives et de la Décentralisation (LERAD) et le Groupe d'Etudes et de Recherche sur la Coopération Internationale et Européenne (GERCIE)

PRESSES UNIVERSITAIRES FRANÇOIS-RABELAIS — 2005
3, RUE DES TANNEURS — BP 4103 — 37041 TOURS CEDEX 1

Secrétariat du comité de lecture :
Nicole Lerousseau et Jean Rossetto

Mis en page par Marc DUMONT

EA 2108 — EA 2110
Dépôt légal : 4e trimestre 2005 — ISBN : 2-86906-217-6

AVANT-PROPOS

Les Universités de Szeged (Hongrie), de Montpellier et F. Rabelais de Tours ont bénéficié au cours des années 2003 et 2004 d'un financement obtenu dans le cadre d'un programme européen « Balaton » leur donnant les moyens de développer une coopération scientifique. Cette dernière s'est principalement traduite par l'organisation de deux colloques communs. Le premier s'est déroulé à Szeged en novembre 2003 ; il a eu pour thème « ***le mécanisme de décisions dans une Europe élargie*** » et a fait l'objet d'une publication par les soins de l'Université de Szeged en 2004.

La présente publication réunit les communications qui ont été présentées au deuxième colloque, organisé cette fois en novembre 2004 sous l'égide de l'Université F. Rabelais de Tours par les deux équipes d'accueil qui ont souscrit au programme Balaton, à savoir le LERAD (EA 2108) dirigé par le Professeur Nicole Lerousseau et le GERCIE (EA 2110) dirigé par le Professeur Jean Rossetto. Le Professeur Laszlo Trocsanyi, responsable pour l'Université de Szeged du programme Balaton, était présent pour cette manifestation et y a fait une communication.

Le thème retenu pour ce second colloque, « **Les collectivités territoriales et l'intégration européenne** » était particulièrement bien choisi puisqu'il permettait de donner un éclairage à la fois interniste (grâce aux chercheurs du LERAD) et européen (grâce aux chercheurs du GERCIE) à une question qui se trouve à la charnière des préoccupations nationales et locales à l'échelle de l'Union européenne. Il était d'autant plus intéressant de travailler sur ce thème que le projet de traité constitutionnel européen, certes aujourd'hui en voie de ratification incertaine, confirme la place stratégique que les collectivités locales occupent dans l'intégration européenne. On peut espérer que les lecteurs de cet ouvrage s'en persuaderont en prenant connaissance des différentes interventions présentées lors du colloque de Tours sur ce sujet.

INTÉGRATION EUROPÉENNE : DE L'EUROPE AUX COLLECTIVITÉS TERRITORIALES

La subsidiarité dans les constitutions des États membres de l'Union européenne : l'exemple de l'Allemagne et de la France

Jean Rossetto
Professeur à l'Université François-Rabelais de Tours
(GERCIE)

L'intitulé de cette communication exige une mise au point préalable qui permettra de mieux en saisir l'objet exact. Son propos va précisément porter sur le rôle que joue le principe de subsidiarité, tel qu'entendu en droit communautaire, à l'égard des collectivités régionales ou locales, et ceci à la lumière des dispositions constitutionnelles nationales. Il s'agit, autrement dit, de s'interroger sur les relations entre ce principe et la structure constitutionnelle des États membres sous l'angle des collectivités infra étatiques qui les composent.

Cette précision étant fournie, on rappellera brièvement la signification du principe de subsidiarité qui a fait une entrée remarquée dans le traité de Maastricht en 1992 en sa qualité de mécanisme régulateur de l'exercice des compétences respectives de la Communauté européenne et des États membres[1] ; inspiré de la doctrine sociale de l'église[2], le principe vise, en cas

[1] Voir à ce propos l'article 5 du traité de Communauté européenne.
[2] Plus particulièrement l'Encyclique « *Quadragesimo anno* » du pape Pie XI en 1931.

de compétences partagées entre la Communauté et ses États membres, à n'admettre l'exercice de la compétence communautaire que si l'action envisagée ne peut être réalisée de manière suffisante par les États membres, étant précisé qu'elle peut alors mieux l'être au niveau communautaire.

Le recours à ce principe s'inscrit dans un contexte particulier qui est celui du début des années quatre-vingt-dix, à l'heure du passage au grand marché intérieur. Dans l'esprit de beaucoup, il a pour but de contrecarrer le mouvement apparemment irrésistible d'extension des compétences communautaires lié à cet événement ; du principe, on espère en effet qu'il sera de nature à juguler « la furie réglementaire » de la Commission résultant de l'effet préhensif de l'instauration du grand marché[3].

Une certaine ambivalence s'attache néanmoins au principe de subsidiarité dans la mesure où il peut tout aussi bien conforter la compétence communautaire qu'en limiter la portée. Au moment de Maastricht, Français et Allemands avaient tendance à opter pour la première branche de l'alternative dans une perspective plutôt fédérale, tandis que Britanniques et Danois y voyaient le moyen de faire cesser les débordements de la compétence communautaire.

Quoiqu'il en soit, et dès lors que le principe comporte une portée très générale qui peut concerner les collectivités infra étatiques — l'article premier du traité d'Union européenne ne parle-t-il pas de « décisions prises le plus près possible des citoyens » — quels effets le principe de subsidiarité peut-il avoir sur les collectivités régionales et locales des États membres ? Pour répondre à cette question, il convient de se tourner vers leurs constitutions nationales. On évoquera d'abord le cas de l'Allemagne, très attentive en la matière en raison de sa structure fédérale ; on abordera ensuite celui de la France où les progrès de la décentralisation donnent à la question une dimension désormais plus prégnante ; on n'omettra pas enfin de signaler que le projet de traité constitutionnel européen renouvelle les données du problème en prenant en compte les collectivités étatiques dans l'application du principe de subsidiarité.

I – Le cas de l'Allemagne

Bien que contrairement à une idée reçue la Constitution de la République fédérale ne fasse pas expressément mention du principe de subsidiarité avant le traité de Maastricht[4], il n'en demeure pas moins que l'Allemagne est alors

---

[3] À ce sujet, Voir J.-P. Jacqué, « *Droit institutionnel de l'Union européenne* », Dalloz, 2ième Ed., 2003, p. 140.

[4] Le principe ne sera introduit qu'en 1992 à l'occasion du débat sur la ratification du traité de Maastricht. Sur ce point, voir J. Schwarze, « *Le principe de subsidiarité dans la perspective du droit constitutionnel allemand* », RMCUE, 1993, p. 615.

demandeuse à ce sujet pour plusieurs raisons. En premier lieu parce que l'article 72 de la loi Fondamentale s'y réfère implicitement à propos des compétences concurrentes entre le Bund et les Länder ; en second lieu parce qu'elle est favorable, lors de la conclusion du traité de Maastricht, à une évolution fédérale de la construction européenne dans laquelle le principe occuperait une place de choix ; en troisième lieu surtout, parce que les Länder le considèrent comme un dispositif capable d'enrayer l'extension des compétences communautaires à leur détriment. Leur détermination est très ferme à cet égard car ils entendent tirer argument du principe de subsidiarité pour faire valoir qu'ils disposent, en tant que collectivités infra étatiques, des moyens adéquats pour atteindre des objectifs qui ne seraient pas mieux réalisés au niveau communautaire. Dans ces conditions, il est naturel que les Länder aient joué un rôle considérable en vue d'introduire dans les traités européens le principe de subsidiarité ; de la même manière, ils ont œuvré pour que le projet de traité établissant une Constitution européenne renforce et précise la portée de ce principe.

On remarquera cependant que le principe de subsidiarité est désormais reçu en droit constitutionnel allemand. La révision de la Loi fondamentale intervenue en 1992 a en effet introduit un nouvel article 23, dit « article Europe », qui l'intègre dans le texte constitutionnel de manière cette fois explicite ; d'autre part, la Cour constitutionnelle de Karlsruhe l'analyse dans son arrêt du 10 octobre 1993 relatif au traité de Maastricht[5] comme un élément positif de ce texte car il constitue à ses yeux un frein à l'extension de la compétence communautaire. On assiste de la sorte à un mouvement de réception du principe dans le droit constitutionnel national, qui n'est d'ailleurs pas propre à l'Allemagne, puisque le Portugal a également révisé sa Constitution pour y inscrire le principe de subsidiarité au moment de la ratification du traité de Maastricht. Son article 7 alinéa 6 évoque ainsi le respect du principe de subsidiarité s'agissant de « l'exercice en commun des pouvoirs nécessaires à la construction de l'Union européenne ».

C'est dire que le principe de subsidiarité édicté en droit communautaire tend à se diffuser dans les constitutions nationales. Ce mouvement est tout à fait logique si l'on considère que ces dernières ont généralement adopté une démarche décentralisatrice — y compris au Royaume Uni — qui fait émerger une Europe infra étatique dont il importe de préserver les compétences, non seulement au regard de l'État national, mais aussi à l'égard de l'Union européenne. Dans ces conditions, qu'en est-il du cas de la France ?

---

[5] À ce propos, Voir D. Hank, « *Le jugement de la Cour constitutionnelle fédérale allemande sur la constitutionnalité du traité de Maastricht. Un nouveau chapitre des relations entre le droit communautaire et le droit national* », RTDE, 1994, p. 391.

II – LE CAS DE LA FRANCE

En ce qui la concerne, la révision constitutionnelle du 28 mars 2003[6] consacre implicitement la reconnaissance du principe de subsidiarité ; c'est ainsi que l'article 72 alinéa 2 de la Constitution dispose aujourd'hui : « Les collectivités territoriales ont vocation à prendre les décisions pour l'ensemble des compétences qui peuvent le mieux être mises en œuvre à leur échelon ». À partir de là, une première constatation s'impose selon laquelle le principe de subsidiarité a donc bien pénétré le droit constitutionnel français, à l'instar de ce qui se passe dans d'autres États de l'Union européenne. Mais cette première observation doit immédiatement être nuancée du fait que l'article en question semble bien n'avoir qu'une portée interne, en ce qu'il s'applique essentiellement aux relations entre l'État et les collectivités territoriales. Rien n'interdit cependant d'imaginer qu'il pourrait servir de point d'appui afin d'assurer la protection des compétences des collectivités locales françaises vis-à-vis de l'Union européenne[7].

On ne saurait davantage oublier que le droit français n'ignore plus depuis quelques années la dimension européenne du principe de subsidiarité. On en veut pour preuve la rédaction de la circulaire du Premier ministre en date du 26/07/1995 relative à la préparation et à la mise œuvre de la Réforme de l'État et des services publics[8], ou bien encore l'article premier de la loi du 25/06/1999 portant sur l'aménagement du territoire[9]. Malgré cela, on se doit néanmoins de rappeler que le principe de subsidiarité avait fait son apparition en France bien avant sa proclamation dans le traité de Maastricht. Le rapport Guichard « Vivre ensemble » s'y référait dès 1976 en vue de parvenir à un partage plus clair des compétences entre l'État et les collectivités locales

[6] Loi constitutionnelle n°2003-276, JORF du 29/03/2003.

[7] La décision de Conseil constitutionnel n° 2004-496 DC du 10/06/2004 peut être invoquée à ce sujet dans la mesure où elle envisage l'hypothèse qu'une « disposition expresse contraire de la Constitution » puisse faire obstacle à l'application d'une directive communautaire. Voir, par exemple, RDP, 2004, pp. 869-933.

[8] On peut en effet y lire qu' il « est nécessaire enfin, pour mieux distinguer les missions exercées respectivement par l'union européenne et par l'État national, de donner une véritable consistance au principe de subsidiarité reconnu par le traité de l'union européenne… Dès maintenant, les différentes administrations doivent procéder au recensement des domaines dans lesquels le partage des attributions avec les institutions communautaires est susceptible d'engendrer des difficultés ou de rendre nécessaire des évolutions ». JORF, 28/07/1995, p. 11217.

[9] Elle dispose ainsi que la politique nationale d'aménagement et de développement durable du territoire est « déterminée au niveau national par l'État, après consultation des partenaires intéressés, des régions ainsi que des départements…participe, dans le respect du principe de subsidiarité, à la construction européenne et est conduite par l'État et par les collectivités territoriales dans le respect des principes de décentralisation ». JORF, 29/06/1999.

tandis que Michel Giraud, rapporteur au Sénat du texte qui allait devenir la loi de décentralisation du 2/03/1982, y faisait clairement allusion[10].

Il convient enfin de signaler que la France a souvent exprimé une certaine méfiance à l'encontre du principe de subsidiarité tel qu'énoncé à l'article 5 du traité de Communauté européenne. C'est ainsi qu'elle a de longue date souhaité qu'il s'accompagne d'un contrôle politique rigoureux de préférence au contrôle juridictionnel confié à la Cour de Luxembourg ; pour ce faire, elle a plaidé au moment de la conclusion du traité de Maastricht pour la mise en place d'une « chambre de la subsidiarité » composée de représentants des parlements nationaux qui aurait pour mission de se prononcer sur les propositions d'actes communautaires susceptibles d'enfreindre le principe. D'autre part, si l'inscription du principe de subsidiarité dans la Constitution a bien été envisagé lors de la révision de 1992 relative au traité de Maastricht, cette éventualité s'inscrivait dans une perspective nettement défensive ; les amendements déposés en ce sens visaient en effet à conférer au Conseil constitutionnel la faculté de contrôler les actes communautaires qui violeraient la constitution et le principe de subsidiarité.

Pour sa part, le Conseil constitutionnel ne fait guère confiance au principe communautaire de subsidiarité pour protéger la France de potentielles atteintes aux conditions essentielles d'exercice de la souveraineté nationale. Sur la base d'un considérant de principe, il a à deux reprises[11] clairement fait valoir qu'il n'y voyait qu'une « fortification de papier » pour protéger l'ordre constitutionnel national. Il se distingue en cela de la Cour constitutionnelle allemande, sans doute plus sensible que lui à un principe qui participe en Allemagne à la régulation des compétences entre le Bund et les Länder.

Reste que les préoccupations concernant le principe de subsidiarité que l'on observe dans les constitutions nationales se sont traduites par un élargissement de sa portée au bénéfice des collectivités infra étatiques dans le projet de traité établissant une Constitution pour l'Europe. On s'en persuadera aisément en évoquant les principales dispositions de ce texte qui portent la marque de cette évolution.

---

[10] À ce propos, Voir F. Chaltiel, « *Le principe de subsidiarité dix ans après le traité de Maastricht* », RMCUE, 2003, p. 365.

[11] Il figure dans la décision n° 97-394 DC du 31/12/1997 relative à la constitutionnalité du traité d'Amsterdam (considérant 22) et s'énonce ainsi : « que, toutefois, la seule mise en œuvre de ce principe pourrait ne pas faire obstacle à ce que les transferts de compétence autorisés par le traité soumis à l'examen du Conseil constitutionnel revêtent une ampleur et interviennent selon des modalités telles que puissent être affectées les conditions essentielles d'exercice de la souveraineté nationale ». On le retrouve quasiment à l'identique au considérant 25 de la décision n°2004-505 DC relative au traité établissant une Constitution pour l'Europe.

III – L'apport du projet de traité établissant une Constitution pour l'Europe

Le souci de reconnaître au principe une portée prenant en considération les collectivités infra étatiques s'est manifesté dès le traité d'Amsterdam de 1997. À l'instigation des gouvernements allemand, autrichien et belge, la déclaration n° 54 qui l'accompagne énonce ainsi qu'il « va de soi que l'action de la Communauté, conformément au principe de subsidiarité, concerne non seulement les États membres, mais aussi leurs entités dans la mesure où celles-ci disposent d'un pouvoir législatif qui leur est conféré par le droit constitutionnel national ». Cette mise au point n'intéresse alors que les seuls États dont la structure constitutionnelle est de nature fédérale ou consacre un régionalisme affirmé (cas de l'Italie par exemple).

Le projet de traité constitutionnel va nettement plus loin puisqu'il confère au principe de subsidiarité une portée qui n'intéresse plus seulement les entités fédérées ou certaines collectivités régionales, mais toutes les collectivités régionales ou locales des États membres. Son article I-5 est parfaitement explicite à ce sujet qui déclare que « l'Union respecte l'identité nationale des États membres, inhérente à leurs structures fondamentales politiques et constitutionnelles, y compris en ce qui concerne l'autonomie locale et régionale ». Son article I-11, alinéa 3, reformule en conséquence la signification du principe (autrefois précisée à l'article 5 du traité de Communauté européenne) en rappelant que « l'Union intervient seulement si, et dans la mesure où, les objectifs de l'action envisagée ne peuvent être atteints de manière suffisante par les États membres, tant au niveau central qu'au niveau régional et local, mais peuvent l'être mieux, en raison des dimensions ou des effets de l'action envisagée, au niveau de l'Union ».

Le projet de traité constitutionnel s'emploie par ailleurs à renforcer le contrôle de l'application du principe de subsidiarité, sans omettre de fournir aux collectivités locales des moyens de réagir de manière directe ou indirecte à des actes ou propositions d'actes qu'elles jugeraient contraires au principe. Tel est l'objet de son protocole n°2 relatif à « l'application des principes de subsidiarité et de proportionnalité ». On y relève que la Commission est tenue de procéder à des consultations tenant compte, « le cas échéant, de la dimension régionale et locale des actions envisagées » lorsqu'elle exerce son pouvoir de proposition. D'autre part, pèse sur elle à ce stade une obligation d'information directe (elle ne transite plus par les gouvernements des États membres) à l'égard des parlements nationaux, lesquels peuvent alors émettre un avis motivé à propos de sa proposition au regard de sa conformité avec le principe de subsidiarité ; ce faisant, les parlements nationaux sont invités à consulter, « le cas échéant, les parlements régionaux possédant des pouvoirs législatifs ».

Le protocole en question instaure de surcroît un système généralement qualifié « d'alerte précoce » selon lequel un tiers des Parlements nationaux peut demander le réexamen d'une proposition d'acte en préparation au motif qu'il l'estimerait de nature à contrevenir au principe de subsidiarité ; celle-ci pourra être retirée, modifiée ou maintenue selon le cas. Quoiqu'il en soit, le protocole ajoute (article 8) que « la Cour de justice de l'Union européenne est compétente pour se prononcer sur les recours pour violation, par un acte législatif européen, du principe de subsidiarité formés...par un État membre ou transmis par celui-ci conformément à son ordre juridique au nom de son parlement national ou d'une chambre de celui-ci ». Lorsque que l'on sait que plusieurs États membres ont assuré la représentation de leurs entités fédérées, régionales ou locales, par l'intermédiaire d'une chambre parlementaire spécifique, on mesure la possibilité qui leur est indirectement offerte d'invoquer le principe de subsidiarité pour protéger leurs propres compétences. Dans le même ordre d'idées, l'article 8 du protocole indique que le Comité des régions est habilité à saisir lui-même la Cour s'agissant d'un acte législatif européen pour lequel la Constitution prévoit sa consultation ; c'est dire que, là encore, les collectivités infra étatiques disposent d'un moyen de faire respecter leurs prérogatives à l'endroit de l'Union européenne.

Quels enseignements peut-on tirer de ces rapides observations ? Il apparaît en premier lieu qu'une incontestable convergence se dessine aujourd'hui autour du principe de subsidiarité dans sa dimension infra étatique. Ce dernier est désormais mis en scène sous cette forme aussi bien au plan de l'Union européenne que dans les constitutions nationales des États membres ; ce phénomène met de la sorte les structures constitutionnelles nationales en phase avec les développements d'une construction européenne soucieuse de privilégier les échelons décisionnels de proximité. À supposer que le projet de traité constitutionnel entre un jour en vigueur, il faut espérer dans cette perspective que la Cour de justice et les juridictions nationales (notamment constitutionnelles) s'efforceront de collaborer pour assurer une application harmonieuse du principe. Le risque existe en effet que cette évolution récente du principe de subsidiarité ne conduise, par une utilisation systématique des voies de droit nouvellement ouvertes pour en garantir le respect, à freiner la dynamique de la construction européenne. Loin de « l'élargissement furtif des compétences » dénoncé dans la déclaration de Laeken en 2001, on aboutirait alors à une contestation régulière des actions de l'Union européenne qui ne manquerait pas d'en ébranler la raison d'être.

LE PRINCIPE DE SUBSIDIARITÉ ET LES CONSTITUTIONS DES NOUVEAUX MEMBRES DE L'UNION EUROPÉENNE : LES EXEMPLES DE LA POLOGNE ET DE LA RÉPUBLIQUE TCHÈQUE

Pierre BOISSEAU
Maître de conférences en droit public
Université François-Rabelais de Tours
(GERCIE)

Aborder les constitutions des deux États sujets de l'étude sous l'angle du principe de subsidiarité peut sembler une entreprise quelque peu audacieuse. En effet, la subsidiarité n'est pas mentionnée explicitement dans les textes concernés. Néanmoins on la trouve en filigrane. En effet, le constituant a eu la lourde tâche d'inscrire l'État post-socialiste dans la modernité. Et, dans ce but, il s'est en quelque sorte efforcé de le mettre en ordre de marche pour qu'il puisse intégrer l'Union européenne. Sans ce remodelage des contours politiques et administratifs de l'entité étatique elle-même, les candidats eussent été dans l'impossibilité de tenir leur rôle dans le cadre de la répartition des compétences définies par les traités successifs.

Au début de la dernière décennie il s'agissait donc d'entreprendre une véritable régénération du cadre étatique dans la perspective de l'adhésion à l'Union. Et ce processus s'est articulé autour de deux axes principaux : d'une part il s'est appuyé sur la prise en compte du patrimoine constitutionnel d'Europe de l'Ouest ; en outre les États concernés ont opéré une redéfinition de la répartition des compétences au plan interne en recourant à la décentralisation.

L'histoire constitutionnelle française fait apparaître des ajustements, des correctifs qui ont tracé progressivement les contours de notre régime parlementaire. Or, à l'Est, le constituant était dans l'obligation de rompre radicalement avec les anciens systèmes institutionnels. Car malgré les nuances nationales, la structure de ces derniers découlait de la conception léniniste de l'État. Aussi l'ancienne organisation étatique et politique ne pouvait-elle pas servir de cadre au rapprochement avec l'Union, même au prix d'importantes réformes. La Pologne et la République tchèque, comme leurs homologues de l'est, ont donc opéré une véritable révolution au sens juridique. En d'autres termes, ils ont opté pour une modification substantielle de l'ensemble de leur ordonnancement juridique. Et force est de constater qu'à la sortie du socialisme la nouvelle configuration de l'État s'est fondée sur un véritable mimétisme constitutionnel.

Il faut en effet conserver à l'esprit que le respect des critères de Copenhague (notamment la création d'une démocratie répondant aux canons occidentaux) induisait l'importation des principes constitutionnels d'Europe de l'Ouest. Au premier rang de ceux-ci figuraient naturellement la séparation des pouvoirs, et le respect de la norme constitutionnelle conçue comme le support de la garantie des droits de l'homme et des libertés publiques. L'importation des mécanismes de base du régime parlementaire s'imposait donc. Ils furent néanmoins adaptés aux différentes identités nationales : si des régimes parlementaires monistes classiques furent mis en place, certains États, comme la Pologne ou la Roumanie se rallièrent à l'option du régime semi-présidentiel.

Aux anciennes démocraties populaires se substituèrent donc, à un rythme particulièrement élevé, de nouveaux États souverains démocratiques. Sur ce plan, et sans aborder le formidable chantier que représentait parallèlement la mutation économique, il faut souligner que les acteurs politiques et sociaux eurent la lourde tâche de parvenir à articuler la renaissance de l'État souverain — synonyme de rupture avec la tutelle soviétique — avec l'adhésion rapide à une Union européenne. Ce projet s'apparentait à un véritable défi puisque l'intégration repose sur un système institutionnel et normatif au profit de laquelle les quinze, à force de révisions, de décisions jurisprudentielles, de débats constitutionnels et politiques avaient finalement abandonné des pans essentiels de leur souveraineté nationale. En outre, le phénomène de transition n'affecta pas uniquement les organes d'État *stricto sensu*.

Car le rapprochement avec l'Europe de l'Ouest imposait une démocratisation au sens large. Et suite à plusieurs décennies de centralisation socialiste sous l'égide des partis d'obédience communiste, il s'agissait de régénérer l'ordre constitutionnel dans son ensemble. Puisqu'il était question d'une totale redéfinition du statut organique des nations concernées, le problème recouvrait deux facettes : à la séparation du pouvoir d'État s'ajoutait la décentralisation du pouvoir dans l'État. L'introduction du régime parlementaire devait dont être complétée par la reconnaissance d'intérêts politiques locaux et la mise en place d'institutions chargées de gérer démocratiquement les affaires locales en découlant au plan infra-étatique.

Cette décentralisation était bien entendu nécessaire sous l'angle de la démocratisation. Mais elle l'était tout autant dans la perspective de l'adhésion à l'Union européenne. Car si des réformes de grandes envergures furent entreprises en ce sens par les États qui tour à tour firent acte de candidature, c'est notamment parce la « fragmentation interne » de l'État reposant depuis plusieurs décennies sur la centralisation était une des mutations permettant de répondre aux exigences communautaires. C'est ce qui découle notamment de la portée actuelle du principe de subsidiarité dans le cadre européen. Certes, selon l'article III-B du Traité U.E., le principe de subsidiarité n'avait vocation à s'appliquer qu'aux relations entre la Communauté et les États membres. Mais il impose par essence que les décisions soient prises « le plus près possible des citoyens » : aussi conduit-il constamment à vérifier que l'action à entreprendre au niveau communautaire est justifiée par rapport aux possibilités qu'offre l'échelon national, régional ou local. Il suppose donc la pluralité d'échelons administratifs et politiques au sein des États membres. D'ailleurs l'article I-11 du Traité constitutionnel disposait qu'« En vertu du principe de subsidiarité dans les domaines qui ne relèvent pas de sa compétence exclusive, l'Union intervient seulement si, et dans la mesure où, les objectifs de l'action envisagée ne peuvent pas être atteints de manière satisfaisante par les États membres, tant au niveau central qu'au niveau régional et local, mais peuvent l'être mieux, en raison des dimensions ou des effets de l'action envisagée, au niveau de l'Union. »

Les États candidats ne pouvaient donc pas faire l'économie d'une décentralisation poussée pour mener à bien leur projet de retour à l'Europe. Et puisqu'ils partaient en quelque sorte « de zéro », ils devaient redéfinir la répartition du pouvoir en leur sein avec le souci de permettre au niveau le plus légitime et le plus efficace d'intervenir. Il s'agissait en fait de s'appliquer à eux-mêmes le principe de subsidiarité en ce qu'il peut apparaître comme un principe d'organisation politique général. Ce dernier implique que les collectivités publiques dont le ressort est plus large n'interviennent que pour compléter, si nécessaire, l'action des collectivités publiques dont le ressort est plus étroit.

La question des rapports entre les textes constitutionnels des nouveaux membres de l'Union et le principe de subsidiarité doit être donc appréhendée de la manière suivante : la régénération de l'État inhérente à l'adhésion à l'Union européenne reposait notamment sur l'application du principe de subsidiarité au plan interne par le biais de la décentralisation. Il s'agissait de faire preuve de modernité au plan politique et administratif en créant les différents niveaux de gouvernance caractéristiques de l'ensemble européen. Cette étape était incontournable pour que les candidats puissent à terme satisfaire aux obligations découlant de leur appartenance à une Union reposant elle-même sur les principes de subsidiarité et de proximité.

C'est ce que confirment les constitutions des nouveaux membres de l'U.E qui ont tous redoublé d'efforts en la matière. Cette étude sera cependant circonscrite à deux États : la Pologne qui dès le début des années quatre-vingts apparut comme le fer de lance de la lutte anti-communiste ; la République tchèque dont la situation illustre parfaitement les contradictions des sociétés post-socialistes puisqu'elle ne se projette dans l'avenir que comme membre de l'Union, mais reste particulièrement sensible à la question de la souveraineté dont la valorisation a conduit à la partition de la Tchécoslovaquie au premier janvier 1993. À l'issue de la transition et du rapprochement avec l'Union, les constitutions polonaise et tchèque définissent les différents niveaux de gouvernance propres aux États démocratiques européens. Les textes constitutionnels organisent également leur articulation en termes de compétences et d'exercice du pouvoir normatif. Deux points qui conduisent à aborder successivement la définition des différents niveaux de gouvernance (I), et leur articulation (II).

I – La définition des différents niveaux de gouvernance

Dans la logique d'adhésion, le constituant devait redéfinir les prérogatives étatiques, en prévoyant entre autres au niveau étatique les abandons de souveraineté nécessaires à l'inclusion de l'État candidat (A) dans l'ensemble européen ; au plan infra-national, le constituant devait faire une application interne du principe de subsidiarité (B) pour déterminer les différentes strates sur lesquelles reposerait le système décentralisé.

A – L'État candidat

Au regard de la norme constitutionnelle, l'État candidat peut être défini comme une entité qui programme la mise en cause de sa souveraineté. À la différence des États initiateurs de la construction européenne, l'État candidat n'est pas celui qui s'adapte au fur et à mesure à l'intégration. C'est celui qui anticipe son adhésion, notamment en programmant la mise en cause de sa souveraineté. En ce sens les constitutions nationales font dès leur origine référence à l'adhésion à l'Union européenne. C'est ce qui ressort notamment de l'étude des deux textes constitutionnels ici étudiés, même si la loi fondamentale tchèque témoigne des relatives réticences du constituant tchèque.

En ce qui concerne la Pologne, l'article 90-1 de la Constitution du 2 Avril 1997 prévoit que la République peut « céder » sur la base d'un traité, les compétences des autorités du pouvoir d'État à une organisation supranationale. L'article 10-A du texte tchèque du 16 décembre 1992 dispose quant à lui que certains pouvoirs des organes étatiques peuvent être délégués à ce type d'organisation. Une nuance mérite ici d'être apportée. Les dispositions constitutionnelles envisagent en effet des compétences « cédées » pour la partie polonaise ; en ce qui concerne la partie tchèque le constituant n'a plus modestement prévu qu'une « délégation » de pouvoirs. Est-ce à dire que le constituant polonais a consenti des abandons de souveraineté tandis que son homologue tchèque n'envisage que des délégations de compétences étatiques potentiellement réversibles ?

Si aucun texte ne met en cause le bien-fondé du retour à l'Europe, la différence semble au minimum d'ordre symbolique. Car la seconde approche s'apparente dans une certaine mesure à une tentative de préservation symbolique de la souveraineté originelle de l'État tchèque. Laquelle semble contredire la logique d'intégration européenne. Et elle témoigne sans aucun doute d'un nationalisme qui sans empêcher le retour à l'Europe d'un État qui fut un des rares à connaître un embryon de démocratie après guerre, reste vivace. Vaclav Havel lui-même a régulièrement plaidé pour une Europe confédérale respectueuse des souverainetés étatiques et nationales. Alors qu'en Pologne, le constituant semble acquis à l'idée d'une mise en cause définitive de certaines prérogatives de l'État souverain.

Sans exagérer la portée de la formulation retenue en Tchéquie, on touche ici aux difficultés inhérentes à la mise en cause de la souveraineté étatique des États d'Europe de l'Est en général et de la République tchèque en particulier. Cette approche tchèque peut conforter les arguments de ceux qui voient en l'élargissement la mise en cause du rêve d'Europe politique. Mais à la décharge du constituant tchèque, il faut mentionner qu'il s'est trouvé dans l'obligation de résoudre en dix ans environ des questions que ses homologues de l'Ouest ont finalement traitées en plusieurs décennies, au fur et à mesure de la montée en puissance du projet européen. Et ceci alors même que l'État Nation souverain rime globalement à l'Est avec démocratisation : l'émancipation de l'U.R.S.S suivie d'une autonomisation politique, militaire et économique à l'égard de la Russie ont facilité l'éradication des systèmes socialistes ; et dans de nombreux cas les candidats ont juridiquement rompu avec le fédéralisme à l'aube de la dernière décennie[1].

L'État nation souverain n'apparaît donc pas nécessairement comme une entité dépassée. En République tchèque, comme en Slovaquie, l'accession au rang de puissance souveraine représente même une donnée essentielle du

---

[1] Ce fut par exemple le cas des trois États baltes, mais aussi de la République tchèque et de la Slovaquie.

processus de démocratisation. Et ceci peut-être d'autant plus que l'État nation souverain démocratique s'est en quelque sorte « dérobé » sous les yeux des citoyens tchèques au lendemain du nazisme. Tandis qu'à l'Ouest les rapports de force politiques et économiques facilitèrent dès la fin des années quarante la mise en place de régimes assurant la conciliation entre le principe de liberté et les droits économiques et sociaux, la démocratie tchécoslovaque s'avéra un régime « mort né » du fait de la stratégie victorieuse du mouvement communiste.

Les États d'Europe de l'Est n'ont donc pas été en mesure de bénéficier de ce que l'histoire retiendra peut-être comme la phase ultime de l'État nation européen démocratique : une société « mixte » reposant sur un système juridique où les libertés classiques sont complétées par les droits économiques et sociaux[2]. Toutes ces données permettent donc d'appréhender plus précisément des situations post-totalitaires qui confèrent aux débats sur l'État ou la souveraineté une dimension particulière. Elles permettent en tout cas de mesurer la relative distance avec l'approche proprement occidentale qui consiste pour les tenants de l'idée européenne à stigmatiser le « souverainisme » en le présentant systématiquement comme une approche archaïque de l'organisation politique et économique.

Une fois ces spécificités soulignées il faut néanmoins se garder d'une approche réductrice. Car la nuance entre les textes polonais et tchèque n'a pas freiné la prise en compte de l'acquis communautaire dans les deux États concernés ; et elle n'a pas non plus empêché la redistribution du pouvoir nécessaire à l'adhésion. Car quels que soient les reproches que peut encourir le constituant d'Europe de l'Est, il faut admettre qu'il a bel et bien participé à la définition des niveaux de gouvernance telle qu'elle se présente désormais en Europe sous l'angle politique et normatif. À l'Est, malgré les relents nationalistes des années quatre-vingt-dix et les références à la souveraineté nationale, le constituant a fait de l'État une entité capable d'intégrer, à l'échelon qui est le sien, le système politique et normatif européen.

Et peut-être que les références explicites ou implicites à la souveraineté étatique nous renvoient finalement à l'idée de la souveraineté originelle d'un État désormais intégré dans une logique supranationale et qui parallèlement a décidé de régionaliser en faisant application – au plan interne – du principe de subsidiarité.

---

[2] Phase de l'État Nation souverain que le Préambule de la Constitution française du 4 octobre 1958 présente clairement en disposant que « Le peuple français proclame solennellement son attachement aux Droits de l'Homme et du Citoyen tels qu'ils ont été définis par la Déclaration de 1789, confirmée et complétée par le Préambule de 1946. »

B – L'APPLICATION DU PRINCIPE DE SUBSIDIARITÉ COMME PRINCIPE GÉNÉRAL D'ORGANISATION POLITIQUE

Les attentes occidentales ont nourri les demandes formulées par les institutions européennes à l'adresse des pays candidats. Et la capacité de ces derniers à y accéder était une des conditions fondamentales de la réussite du rapprochement des États d'Europe de l'Est avec les membres de l'Union. Sur ce point la Pologne et la République tchèque se sont efforcées de suivre les recommandations formulées en matière de décentralisation. La réforme du mode de gouvernement local orchestrée dans les pays concernés à partir du milieu des années quatre-vingt dix doit donc être perçue comme un axe non négligeable de la réalisation du projet de retour à l'Europe.

L'ensemble de l'appareil institutionnel européen a ici pris part au débat. Mais les exigences ont été définies par la Commission européenne et d'autres organes comme dans le cadre de la phase de pré-adhésion. Le Comité des régions de l'Union et le Congrès des pouvoirs locaux et régionaux d'Europe ont ainsi exprimé leurs points de vue sur la réorganisation institutionnelle jugée nécessaire en Europe centrale. La Commission européenne a par exemple formulé ses attentes à propos du rôle des politiques de dimension régionale dans les pays candidats dans le chapitre B3 de l'Agenda 2000. Il s'agissait avant tout pour les États en cause d'être capables d'assumer les obligations inhérentes à l'adhésion. Etait ici en cause leur capacité à mettre en place et faire fonctionner selon les canons politiques et administratifs occidentaux le cadre institutionnel et normatif de l'Union européenne défini par l'acquis communautaire. Mais faute de modèle unique de local government en Europe de l'Ouest, les institutions européennes se sont abstenues de proposer un schéma prédéfini aux responsables de l'Est. Elles ont en réalité présenté les axes principaux de la réforme recommandée.

Ainsi le respect de l'acquis reposait-il notamment sur la division des territoires nationaux des anciens États socialistes, en régions susceptibles de servir de cadres référents à l'analyse et au développement des politiques régionales. Ces régions devaient être d'une superficie suffisante[3] pour remplir cette fonction ; et des programmes de développement devaient être le plus rapidement mis en œuvre grâce aux fonds immédiatement disponibles. Dans leur propre politique régionale, les candidats étaient également appelés à respecter les règles régissant les politiques régionales communautaires et à initier une politique de cet ordre si tel n'était pas le cas.

L'Agenda 2000 évoquait aussi la capacité administrative des candidats jugée nécessaire pour mettre en œuvre l'acquis communautaire. Outre des données descriptives, des évaluations, il énonçait en ce sens les mesures et normes préconisées ainsi que les objectifs concrets que les candidats devaient

---

[3] Le niveau NUTS II était ici jugé approprié.

s'engager à réaliser. La redistribution du pouvoir politique et administratif figurait ici en bonne place. Et elle passait par une réforme administrative de très vaste ampleur : il s'agissait de redéfinir les différents échelons de la gouvernance infra-étatique.

C'est pourquoi la mise en place d'échelons locaux et intermédiaires de gouvernement local était présentée comme le complément nécessaire du développement régional. Cette demande participait de la révolution juridique en cours. En effet, après plusieurs décennies de décentralisation, le développement important d'une déconcentration autoritaire et ne permettant pas de saisir et valoriser la diversité des intérêts politiques locaux, la décentralisation avait par essence une dimension particulière : elle apparaissait bel et bien comme le support du rapprochement du pouvoir politique, administratif et normatif des citoyens.

On touche ici à l'essence même du principe de subsidiarité conçu comme un principe général d'organisation politique interne : entre légitimité et proximité, la nouvelle approche institutionnelle proposée recoupait une véritable novation en matière de moeurs politiques et un renouvellement des élites dont le processus de démocratisation ne pouvait faire l'économie. Techniquement, le constituant ne pouvait se contenter de définir de nouvelles strates politiques et administratives ; il se trouvait logiquement dans l'obligation de préciser leur articulation.

II – L'ARTICULATION DES DIFFÉRENTS NIVEAUX DE GOUVERNANCES

Dans les deux États ici étudiés, la décentralisation possède un fondement constitutionnel : l'article 15 du texte fondamental polonais prévoit que la décentralisation de la puissance publique est garantie par le régime territorial ; en République tchèque, c'est l'autonomie des collectivités territoriales qui est garantie par l'article 8. Dans les deux cas la structure interne de l'État n'a plus rien à envier à celle de leurs voisins de l'Ouest qui les ont accueillis dans l'Union européenne comme le montre l'étude des différents échelons de la gouvernance infra-étatique (A) qui ont inauguré de nouveaux espaces démocratiques (B).

A – LES ÉCHELONS DE LA GOUVERNANCE INFRA-ÉTATIQUE

Au stade de la candidature, les deux prétendants à l'adhésion ont visiblement suivi les recommandations susmentionnées des institutions européennes. On doit désormais distinguer trois niveaux de pouvoir infra-étatique au sein desquels la commune apparaît comme la collectivité territoriale de base.

En Pologne la Commune est « l'entité de base de l'autonomie locale » selon l'article 164 de la Constitution de 1997. Entrent juridiquement dans cette catégorie des entités qui au plan démographique sont d'importance variable. On y incorporera en effet aussi bien des bourgs que des villes plus importantes. Néanmoins les plus modestes villages sont juridiquement regroupés pour constituer une entité disposant d'une population, des infrastructures et de la capacité technique (notamment financière) suffisantes pour constituer une commune à part entière.

Ces communes (Gminy) sont désormais environ 2500 à se voir appliquer le principe de l'autonomie locale. Elles exercent en général leur libre administration par le biais d'un Conseil municipal qui désigne le comité exécutif à la majorité qualifiée des voix de l'assemblée municipale. Le premier magistrat de la commune est élu à la majorité absolue du conseil. Son statut varie quelque peu en fonction de l'importance démographique de la collectivité concernée. Dans les communes rurales c'est ainsi un maire (Wojt) qui dirige le comité ; dans les moyennes agglomérations on trouve un bourgmestre (Burmistrz) ; enfin c'est un président (Prezydent) qui assure les missions exécutives dans les villes importantes. Il faut cependant souligner que les villages juridiquement regroupés sont quant à eux administrés par une assemblée générale, une direction (Soltys) ainsi qu'un chef du conseil. La proximité politique prévaut en ce cas puisque les membres de ces diverses institutions sont désignés par les citoyens de la circonscription concernée au suffrage universel direct.

Force est donc de constater que sous l'angle de la citoyenneté locale les citoyens polonais ne sont pas véritablement traités uniment. En effet, la démocratie locale s'accommode de deux modes de représentation : l'un repose sur le suffrage universel pour l'assemblée locale et le suffrage indirect pour les autorités exécutives ; l'autre repose sur une plus grande légitimité de la représentation communale dans la mesure où seul le suffrage direct est utilisé.

En République tchèque les intérêts locaux sont valorisés par des municipalités (Obec). L'autonomie locale bénéficie ici à des assemblées dont les représentants sont élus au suffrage universel direct par les citoyens de la commune. Le mandat local est de quatre ans. Et alors qu'en France l'heure est à l'intercommunalité, que le nombre élevé de communes est souvent perçu comme un handicap, ce type de collectivités (environ 6500) est sans cesse en augmentation en Tchéquie. La progression continuelle du nombre de communes découle notamment de la loi du 1er janvier 2003 qui a supprimé les districts au bénéfice du développement communal[4]. Cette situation prouve que la République tchèque a pris à bras le corps la question de la décentralisation présentée par les organes européens comme un préalable à

---

[4] Le district était un niveau intermédiaire et l'assemblée du district – au sein de laquelle étaient débattus des sujets d'intérêt commun aux communes concernées – était composée de représentants désignés par chacun des conseils municipaux du district.

l'adhésion à l'Union européenne. Ensuite, la situation est bien différente de celle de la France dans la mesure où la multiplication des communes participe du processus de transition démocratique, notamment en facilitant l'émergence d'une démocratie locale après des décennie de centralisation. Le Conseil municipal, organe classiquement décisionnel en matière de gestion des affaires locales désigne en son sein l'exécutif communal dénommé : Comité exécutif. Sa composition et l'étendue de ses compétences sont définies par le Conseil au regard de l'importance démographique de la Commune. La superficie de cette dernière entre également en ligne de compte pour la définition des attributions de l'exécutif local. Cette souplesse témoigne ici aussi du souci de faire prévaloir les principes de proximité et d'adaptabilité dans la gestion locale. De manière traditionnelle, le Conseil désigne également les chefs de l'administration municipale à savoir le maire (Primator) et ses adjoints.

En Pologne comme en République tchèque, les Communes apparaissent donc désormais comme des entités fondamentales. Afin d'assurer la défense des intérêts locaux les communes se sont d'ailleurs organisées. Il s'agit par exemple de l'Association des villes polonaises et de l'Association des villes et communes de la République tchèque[5]. Mais le principe d'autonomie locale s'étend également aux niveaux intermédiaires, et notamment régional.

Ainsi en Pologne, la décentralisation définie par la Constitution de 1997 au bénéfice de l'entité communale a-t-elle été étendue en 1998 et 1999 à deux autres échelons d'administration locale : la région (Voïvodie) et le district (Powiat). Les 16 régions ont une structure administrative à double niveau. D'un côté une assemblée régionale (sejmik) est désignée pour quatre ans au scrutin de liste. C'est l'organe qui prend en charge l'administration de la voïvodie autonome. À sa tête la diète régionale désigne un Maréchal (Marszatek). Il préside l'organe plénier mais aussi le comité exécutif que les élus mettent en place. D'un autre côté, un voïvode représente l'administration centrale au niveau de la Voïvodie. Il est nommé et révoqué par le Premier ministre sur proposition du ministre en charge de l'administration. Ce Voïvode est compétent en ce qui concerne les services en rapport avec la loi et la sécurité publique. À ce titre il peut annuler les décisions des collectivités territoriales lorsqu'elles sont incompatibles avec la législation en vigueur. Ce contrôle de légalité très poussé est susceptible de recours auprès des juridictions administratives.

---

[5] Pour compenser l'absence de représentation territoriale, les communes polonaises sont particulièrement dynamiques en terme de constitution de réseaux. Car, outre l'Association des villes polonaises, on peut mentionner l'existence de l'Union des petites villes polonaises, l'Union des métropoles polonaises, l'Union des communes rurales ou encore la Fédération des unions et associations de communes et voïvodies polonaises.

Le niveau régional apparaît donc à la fois comme un échelon essentiel de la décentralisation mais aussi du système de la déconcentration polonaise. L'objectif reste bien entendu la garantie d'un juste équilibre entre l'autonomie dont font usage les Voïvodies et le respect de l'uniformité de la législation nationale sur l'ensemble du territoire polonais. En outre 379 districts[6] sont gouvernés par un conseil de district dont les membres sont également élus pour une période de quatre ans. Ils désignent le président (Starosta) du comité exécutif du district à la majorité absolue des membres.

En République tchèque, le Titre VII (article 99 à 105) de la Constitution de 1992 consacré aux Collectivités territoriales autonomes bénéficie également aux institutions régionales. À l'issue de la phase de transition démocratique cette république regroupe quatorze régions qui doivent être considérées comme les collectivités territoriales autonomes d'échelon supérieur[7]. Leurs représentants sont élus pour quatre ans au suffrage universel et il leur incombe classiquement de désigner et contrôler les membres des exécutifs régionaux. Une originalité tchèque mérite d'être soulignée. En effet, si le Parlement national est bicaméral, il s'avère que la seconde chambre – le Sénat tchèque – n'a pas vocation à défendre les intérêts locaux. Il en découle que les intérêts politiques infra-nationaux n'ont pas à priori vocation à être valorisés au niveau étatique. Cette insuffisance a été comblée par une révision adoptée par voie parlementaire en décembre 1997 et entrée en vigueur en 2002. La loi constitutionnelle a complété l'article 99 de la Constitution qui ne faisait initialement bénéficier du principe d'autonomie locale que les seules municipalités. En outre, elle a mis en place des comités régionaux de coordination qui depuis août 1998 se font l'écho, notamment auprès des autorités étatiques, des intérêts des quatorze régions. Et si le constituant a senti le besoin de compléter ainsi le schéma initial, c'est notamment parce qu'en dehors des questions strictement juridiques et administratives liées au rapprochement avec l'Union européenne, la fragmentation infra-nationale de l'État a favorisé l'essor de nouveaux espaces démocratiques.

B – DE NOUVEAUX ESPACES DÉMOCRATIQUES

La nouvelle répartition du pouvoir n'a pas qu'une portée administrative. Elle trace les contours d'un cadre politique inédit désormais propice au développement d'une démocratie locale pendant longtemps brimée par la

---

[6] Ce nombre désigne les 314 districts à part entière ainsi que les 65 villes ayant le statut de district, notamment pour des raisons d'importance démographique et géographique.

[7] Ces régions sont : Prague, la Région de Prague, la Région de Usti nad Labem, la Région de Liberec, la Région de Hradec Kralovee, la Région de Pardubice, la Région Moravskoslezsky, la Région d'Olomouc, la Région de Zlin, la Région Jihomoravsky, la Région de Vysocina, la Région Jihocesky, la Région de Plzen et la Région de Karlovy Vary.

centralisation socialiste. Cette dernière se traduisait notamment par une reconnaissance apparente d'intérêts locaux annihilés par la réalité d'une déconcentration relativement autoritaire. À l'inverse le phénomène décentralisateur a logiquement eu pour effet de resserrer le lien entre l'élu et l'électeur.

La proximité est d'autant plus importante entre ceux-ci que la commune est de dimensions modestes. M.C. Maurel propose ici une méthode relativement pertinente pour mesurer ce processus par lequel le pouvoir en général, et la décision politique en particulier, est en quelque sorte « rapproché » des citoyens[8]. Il s'agit de s'appuyer sur le ratio électeurs / élus, afin d'estimer l'accessibilité des représentants dans l'espace politique qui s'avère être celui des communes.

Ainsi en Pologne, la loi prévoit que dans les communes de moins de 20 000 habitants les citoyens désignent un à cinq candidats ; alors que dans les entités plus importantes, ils doivent en sélectionner cinq à dix. Dans le premier cas, le ratio est de 286 votants par élu, dans l'autre le ratio s'avère nettement plus élevé : 961. En République tchèque, le nombre de représentants locaux ne peut être supérieur à quinze dans les communes de moins de 3000 habitants. Pour l'ensemble de l'État on dénombrait ainsi en moyenne 81 électeurs par siège de conseiller municipal au cours des votations de la décennie qui a vu s'accomplir la démocratisation. Ces ratios ne sont donc pas excessifs et leur modestie plaide en faveur d'un véritable rapprochement entre élu et électeur. Les insuffisances de la jeune démocratie locale dans les États étudiés ne résident donc pas dans la faiblesse du lien entre celui qui désigne et légitime et celui qui décide ; il est plutôt constitué par l'épineux problème de l'abstention.

La participation des citoyens aux élections locales s'avère en effet malheureusement insuffisante. Et les forts taux d'abstention systématiquement relevés sont d'autant plus choquants que les autorités ont bel et bien mené le projet de démocratisation à terme. Moins de la moitié du corps électoral participe en effet à ce type de scrutin, ce qui révèle une participation plus faible qu'aux élections nationales, qu'elles soient présidentielles ou législatives. Ce constat démontre qu'il faut se garder de tout optimisme : même après une phase dictatoriale, le sens civique peut être difficile à développer. En outre, les résultats électoraux démontrent — peut-être dans la lignée de la centralisation qui sévissait antérieurement — que les citoyens visiblement plus préoccupés des enjeux nationaux que locaux semblent méconnaître la portée, notamment politique, du processus de reconnaissance de l'autonomie locale.

---

[8] M.C. Maurel, Collectivités locales, De nouveaux modes de gestion en Europe centrale, *Le Courrier des pays de l'est*, 1033 (mars 2003), pp. 16 et suivantes.

Taux de participation aux élections locales en %

Années d'élections locales	***1990***	***1994***	***1998***	***2002***
République Tchèque	74	62	58	43
Pologne	42	32	46	45.4

Les citoyens tardent donc à investir les nouveaux espaces politiques à leur disposition. Pire : en République tchèque, l'abstention a même gagné du terrain au fur et à mesure que la décentralisation a livré ses effets. À l'abstention comme indice de mécontentement à l'égard du pouvoir en place vient peut-être s'ajouter un manque de culture politique. Car à l'assujettissement aux autorités en place doit en effet succéder la culture de la participation à la chose publique.

Cependant, le constat ne saurait être entièrement négatif. Car la décentralisation dans les États d'Europe de l'Est, et notamment en Pologne et en République tchèque est venue conforter, au plan local, les politiques de lustration visant les responsables politiques et administratifs autrefois intimement liés à l'administration socialiste, et notamment aux services répressifs. Enfin, si les joutes politiques locales ne semblent pas à l'évidence passionner les citoyens, ces derniers sont à l'inverse désormais nombreux à investir la vie associative. Cette dernière a en effet été revalorisée par l'avènement des libertés. Et la démocratie locale doit désormais compter sur un tissu associatif non négligeable. Il témoigne en effet de l'immixtion de la société civile dans la vie politique locale et les différents domaines d'activités des collectivités territoriales tchèques et polonaises.

LA PLACE ET LE RÔLE DES RÉGIONS ET DES COMMUNAUTÉS DANS LA CONSTRUCTION EUROPÉENNE

László TRÓCSÁNYI
Professeur de l'Université de Szeged
(Szegedi Tudományegyetem)

À l'heure où l'État national tend de plus en plus à opérer une décentralisation fondée sur les dispositions de sa constitution interne, qu'en est-il au niveau européen de collectivités décentralisées ? L'Union européenne accepte-t-elle de leur faire jouer un rôle qui correspondrait aux compétences qui leur sont dévolues ? C'est à cette question principale que cette communication est consacrée tout en rappelant préalablement les conditions dans lesquelles s'effectue le mouvement de décentralisation au plan national.

I – LES RÉGIONS ET LES COMMUNAUTÉS AU NIVEAU DES CONSTITUTIONS NATIONALES

A – LA DÉMOLITION DU POUVOIR CENTRAL EN TANT QUE PRINCIPE DE L'ORGANISATION DE L'ÉTAT

L'Europe du 19ème siècle était l'Europe des États nations. La première et la deuxième guerre mondiale étaient celles des États nations. Les paix qui ont mis fin aux guerres étaient aussi celles des États nations. Il est incontestable que les États nations victorieux, après la première guerre mondiale, ont prévu pour régler les nouvelles difficultés des pays de l'Europe Centrale et de l'Est, la création des statuts juridiques obligatoires des minorités ou des collectivités locales autonomes. Les pays garantissant les droits des minorités et leurs autonomies n'obéissaient pas de leur plein gré et les peuples qui bénéficiaient de ces droits, ne pouvaient pas s'identifier à de nouvelles structures après avoir perdu leur droit de disposer d'eux-mêmes.

La deuxième moitié du 20ème siècle a été caractérisée par les décennies de la démolition du pouvoir. Les États nations concentrés ont reconnu que l'organisation centralisée de l'État n'était plus durable. Sur le principe de la subsidiarité, les décisions doivent être prises à un niveau adapté et pour assurer la tranquillité interne d'un pays, il faut que les habitants de ce pays ressentent leur indépendance relative par rapport à l'État centralisateur. Ainsi, après les différentes réformes de décentralisation, des compétences importantes ont été transférées de l'État central à des niveaux inférieurs dans les pays d'Europe occidentale. Suite à la décentralisation, on a également assuré tout en tenant compte du droit à l'autodétermination, la création des unités qui possédaient également un pouvoir politique et qui pouvaient devenir des partenaires responsables de l'organisme de l'État central. Ces réformes de l'État ont permis de renforcer la cohésion interne du pays et la loyauté envers l'État. Ces unités de l'État créées par la démolition du pouvoir ont appris par l'exercice responsable des compétences (exclusives et parallèles) autonomes, l'art de l'activité législative et exécutive et ce processus a eu des effets positifs sur la scène publique de la vie politique.

B – Les aspects des régions et des communautés dans les différents pays

Les aspects des régions et des communautés sont très variés, les modes de construction dépendent toujours de la structure interne de l'organisme de l'État.

L'Autriche, après la deuxième guerre mondiale, a retrouvé le système fédéral de 1920. L'Allemagne, le pays qui a perdu la deuxième guerre mondiale, a créé un modèle d'organisme de l'État laissant aux Länder des attributions importantes. En Belgique, les Flamands, les Wallons, les habitants de Bruxelles et les Germanophones ont instauré par le résultat d'un développement organique (entre 1970 et 1993) un organisme fédéral de l'État se basant aussi bien sur l'autonomie personnelle que sur l'autonomie territoriale. Le roi Baudouin a caractérisé ainsi la fédération belge dans une allocution : « La fédération consiste à se réunir dans la multiplicité et non pas de se dissoudre par la diversité ». L'existence des conflits ethniques n'est pas contestable en Belgique, et certains souhaitent la création d'une confédération pour remplacer la fédération, alors que d'autres envisageraient même l'indépendance totale de la Flandre et de la Wallonie. Malgré cela, la Belgique a toujours pu apporter une solution par son système de négociation, qui cherche toujours l'accord des parties aux crises institutionnelles et il en sera probablement ainsi dans l'avenir.

Les Constitutions de l'Espagne et de l'Italie reconnaissent des attributions importantes aux communautés autonomes ou aux régions. Ces pays sont dans une situation intermédiaire entre un système fédéral et d'État décentralisé. En Espagne, après la dictature de Franco, par la voie de la démocratisation, le statut juridique des communautés autonomes a été constitutionnellement reconnu. En Italie, les régions créées après la seconde guerre mondiale qui avaient un caractère plutôt administratif, ont retrouvé au cours de cette dernière décennie de véritables pouvoirs politiques et ils viennent d'être renforcés par la révision constitutionnelle.

Entre 1977 et 1979, une démolition importante du pouvoir central a été entreprise en Grande-Bretagne, qui a donné naissance aux pouvoirs législatifs et exécutifs de l'Ecosse et du Pays de Galles, avec des compétences autonomes.

L'autonomie garantie par d'autres pays est d'origine géographique. Au Danemark, il faut mentionner l'autonomie des îles Féroé et celle du Groenland. En Finlande, les îles Aaland, en Grèce, les îles Athos, au Portugal, les Açores et l'île de Madeira ont des statuts d'autonomie.

Dans d'autres pays, une décentralisation administrative importante s'est développée et le pouvoir central a transféré ses compétences à des communautés territoriales, locales. Aux Pays-Bas, la Constitution donne une importance particulière aux départements et aux communes. En France, suite à l'importante décentralisation administrative des dernières décennies, les régions sont devenues des unités territoriales importantes de l'organisme de l'État. Ces unités décentralisées sont plus caractérisées par un élément administratif que par un élément politique.

Qu'est-ce que ce processus peut représenter pour les nouveaux États membres de l'Union Européenne et pour les États qui souhaitent y adhérer ? Premièrement que l'idée de l'État nation du 19ème siècle ne peut plus être maintenue en ce début de 21ème siècle. Les différents pays jouent de nos jours et joueront dans l'avenir des rôles déterminants dans l'histoire du monde. Cependant, à l'intérieur des pays, il est évident que la demande en termes de démolition de la concentration du pouvoir est de plus en plus présente, et les régions et les communautés exigent et reçoivent des droits autonomes. La diversité de l'Europe est garantie par les peuples et par les États de l'Europe à partir de leur différents organismes. La diversité de l'Europe unifiante est une valeur reconnue par le Préambule du Traité Constitutionnel de l'Union Européenne : les peuples de l'Europe « sont résolus à dépasser leurs anciennes divisions et, unis d'une manière sans cesse plus étroite, à forger leur destin commun ». Les unités fédérales, les régions et les communautés autonomes des pays occidentaux revendiquent la possibilité de participer au contrôle de la subsidiarité, à l'élaboration des positions nationales, à la représentation de ces dernières et au lobbying pour leurs intérêts économiques et culturels. Dans la plupart des pays d'Europe centrale et orientale, à cause de l'ancienne division et de la peur, toutes ces prises de positions pour des modèles de l'organisme de l'État basé sur la démolition moderne du pouvoir et l'élaboration de solutions pratiques et administratives tardent encore.

II – La dimension régionale de la construction européenne : la place et le rôle des régions et des communautés dans la Constitution européenne

Après l'adoption de la Constitution européenne, la question se pose de savoir qui seront les bénéficiaires de la Constitution. Les réponses sont nombreuses, certains disent que c'est le Parlement Européen, d'autres considèrent que ce sont les parlements nationaux. Est-ce que les régions et les communautés peuvent être considérées comme bénéficiaires du processus d'élaboration de la Constitution Européenne ; la construction européenne, a-t-elle une dimension régionale ? L'un des objectifs de l'Union Européenne est de renforcer la cohésion économique, sociale et territoriale mais quel est le rôle des régions et des communautés créées dans des cadres nationaux, dans le mécanisme européen de prise de décision ?

A – La diversité des régions

Que représentent les régions et les communautés au niveau européen ? La Constitution Européenne ne prétend pas donner la définition de la notion de régions et de communautés, elle a traité le sujet comme une question nationale de droit constitutionnel et de l'organisme de l'État. L'article 5 de la Constitution mentionne pour la première fois les régions dans le contexte suivant :

« L'Union respecte l'identité nationale des États membres, inhérente à leurs structures fondamentales politiques et constitutionnelles, y compris en ce qui concerne l'autonomie locale et régionale ». La Constitution considère le mode d'établissement des régions dans les différents pays d'un part comme une évidence, d'autre part comme une affaire nationale.

En examinant les dimensions des territoires des pays européens, nous pouvons constater que les différences entre les pays sont importantes dans l'Europe unie dans sa multiplicité. Il y a des pays de taille petite, moyenne et grande. Naturellement toute définition est relative puisque par exemple le Luxembourg avec ses 400.000 habitants est une grande puissance financière et le pays le plus riche de l'Europe. Il est incontestable que si je prends comme exemple les petits pays de l'Union Européenne et parmi ces pays les États baltes, la Slovénie, Chypre et Malte, nous pouvons constater que ces pays, conformément au principe de l'égalité des pays, ont des positions et des capacités importantes pour représenter leurs intérêts au niveau européen. Par contre, la présence de grandes régions européennes comme par exemple la Catalogne d'une population de 9 millions d'habitants ou la Bavière de 11 millions d'habitants, n'est possible que sous une forme indirecte au niveau européen.

La présence efficace des régions sur la scène européenne est aussi entravée par la diversité importante des régions. Nous avons déjà constaté que dans trois pays de l'Union, il y a un système de fédération (Autriche, Belgique, Allemagne). Le statut juridique des unités fédérales dans les fédérations est différent, mais ils ont un trait commun : toutes les régions/tous les Länder possèdent des pouvoirs politiques. Les régions belges et les Länder allemands ont un statut juridique particulièrement fort. En Belgique, les traités internationaux qui touchent des questions relevant de leur compétence, doivent être ratifiés par les régions et les communautés. Ainsi par exemple, le traité d'adhésion a dû être ratifié par tous les parlements régionaux. Dans ces pays, les régions – ou quel que soit le nom qu'on leur donne – ont une force politique importante.

L'Espagne, l'Italie et la Grande-Bretagne sont des pays dans une situation intermédiaire entre les États unitaires et fédéraux. Dans ces pays, les régions possèdent un organe élu, ayant un véritable pouvoir législatif, et ainsi on peut comprendre qu'elles veulent être également présentes sur la scène internationale. En examinant le fonctionnement de la Convention, nous pouvons constater que les députés des régions autonomes espagnoles (p. ex. ceux de la Catalogne) ou par exemple ceux du Gouvernement Ecossais, ont essayé de façon active, d'influencer le travail des membres de la Convention.

Les régions du troisième type peuvent être considérées comme des régions administratives, décentralisées qui fonctionnent sous le contrôle de l'État et qui sont définies selon le principe de la territorialité. Les régions françaises en sont les exemples typiques, puisqu'il leur manque la possibilité de devenir le contrepoids du pouvoir central. Il s'agit plutôt d'une sorte de coopération, du partage du travail entre les régions et l'organisme central de l'État. D'autres pays européens ont suivi l'exemple français et ont créé une structure de régions, qui est basée sur la décentralisation administrative.

Enfin en termes de distinctions quelques mots sur les communautés. La différence entre la région et la communauté vient du fait que les communautés incorporent l'autonomie de caractère personnel. Les communautés n'ont pas de territoires, elles possèdent l'autonomie en matière culturelle et éducative. Je peux mentionner comme exemple la communauté germanophone de Belgique qui a son propre parlement et son propre gouvernement mais sa compétence concerne surtout les affaires culturelles et éducatives. Le gouvernement germanophone de Belgique fait fonctionner un bureau à Bruxelles qui a comme objectif de représenter ses intérêts dans des forums européens de Bruxelles. L'institution de la communauté des germanophones peut servir d'exemple pour les peuples d'Europe centrale et de l'Est, où suite aux événements historiques compliqués et douloureux, dans un pays donné, plusieurs nations vivent ensemble.

Nous pouvons donc constater que les régions et les communautés sont extrêmement différentes au niveau européen. Ainsi la Convention devait elle aussi prendre en considération ces différences. Les régions et les communautés ayant des attributions plus importantes – surtout les régions belges et espagnoles – ont effectué un fort lobbying pour que la Constitution Européenne établisse une différence entre les régions, en créant la notion de « région constitutionnelle » qui aurait des attributions différentes de celles des autres régions, mais cette expérience n'a eu aucun résultat. Les membres de la Convention ont écarté cette idée.

B – LA PRISE DE POSITION DIRECTE ET INDIRECTE DANS LE PROCESSUS D'ÉLABORATION DE LA CONSTITUTION

Le Comité des Régions, qui a été établi conformément au Traité de Maastricht, a pu participer au processus d'élaboration de la Constitution par ses six observateurs. Les observateurs avaient le droit d'être entendus mais leurs avis ne devaient pas être pris en compte pour le consensus. Le Comité des Régions a voulu jouer un rôle moteur durant le déroulement de la Convention, et il a préparé de nombreuses propositions qui visaient toutes à renforcer le rôle européen des régions. Outre le Comité des Régions, je dois également mentionner quelques hommes politiques européens qui se sont également chargés de la représentation des régions dans la Convention, ainsi Louis Michel, ancien ministre belge des affaires étrangères, membre de la Commission, Erwin Teufel, premier ministre du Baden-Wurtemberg et Peter Hain, représentant du gouvernement britannique dans la Convention, et également secrétaire d'État du Pays de Galles. Les hommes politiques de la Convention, partisans des régions étaient appelés les « amis des Régions ». Les représentants hongrois à la Convention ont aussi soutenu d'une façon indirecte les régions et les collectivités puisque plusieurs propositions hongroises portaient sur la protection des droits collectifs des minorités. L'adoption d'une clause de protection des minorités n'a pas été retenue par la Convention mais finalement la conférence intergouvernementale a adopté une proposition d'équilibre. Au lieu de reconnaître les droits collectifs des minorités, ils ont retenu la reconnaissance des droits des minorités.

C – LE PROBLÈME DU STATUT DES RÉGIONS DANS LA CONSTITUTION EUROPÉENNE : DES QUESTIONS CONTESTABLES

1 – LE STATUT DU COMITÉ DES RÉGIONS

Le Comité des Régions est l'une des institutions consultatives de l'Union Européenne. Lors du travail de la Convention, le Comité des Régions aurait voulu obtenir que son statut ne soit pas fixé comme celui d'une organe secondaire, mais qu'il devienne une institution de plein droit de l'Union Européenne. Il est évident que l'importance du Comité des Régions se serait fortement accrue, par sa reconnaissance en tant qu'institution, puisque actuellement le Comité des Régions ne possède qu'un rôle consultatif ; il donne son avis au Parlement Européen, au Conseil des Ministres et à la Commission. Les institutions de l'Union Européenne (le Parlement Européen, le Conseil des Ministres, la Commission, la Cour de Justice, la Banque Centrale Européenne, la Cour des Comptes) ont le droit de prendre des décisions et le droit de contrôle. Le Comité des Régions ne possède pas ces attributions. La présidence de la Convention n'a pas soutenu cette initiative du Comité des Régions parce qu'aussi, en raison de la diversité des régions, le Comité des Régions est une organe très hétérogène.

Si nous examinons la composition du Comité des Régions, nous pouvons constater que pour devenir membre du Comité, il faut être un élu d'un organe local ou régional (l'article 31 al. 2.). Cela signifie que le représentant du pouvoir régional législatif peut être aussi bien membre du Comité des Régions que le représentant du pouvoir régional exécutif. Du point de vue de la Hongrie, cela veut dire que les régions qui sont en cours d'élaboration, sont représentées par 21 maires parmi lesquels certains sont également députés parlementaires. Le Comité des Régions, d'une composition extrêmement compliquée, ayant des membres choisis de différentes façons et dont les mandats ont également des représentations différentes, n'a pas réussi à devenir une institution de plein droit de l'Union Européenne, et doit donc se contenter, pour l'avenir, d'un rôle consultatif.

2 – LA QUESTION DE L'ÉVOCATION DES CHARTES DU CONSEIL DE L'EUROPE CONCERNANT LES COLLECTIVITÉS RÉGIONALES ET LOCALES DANS LA CONSTITUTION EUROPÉENNE

Le Comité des Régions voulait obtenir que la Constitution Européenne se réfère aux Chartes du Conseil de l'Europe concernant l'autonomie locale et régionale. L'objectif était de mettre dans la Charte des Droits Fondamentaux, dans le deuxième titre de la Constitution, le droit à la décentralisation et à l'autonomie régionale en tant que droit fondamental européen. Cette initiative n'était soutenue ni par la Convention, ni par la conférence intergouvernementale, alors que l'article I.11, al. 3 de la Constitution reconnaît, en se référant au principe de subsidiarité, que « l'Union intervient seulement si, dans la mesure où les objectifs de l'action envisagée ne peuvent être atteints de manière suffisante par les États membres, tant au niveau central qu'au niveau régional et local, ils peuvent l'être mieux au niveau de l'Union, en raison des dimensions ou des effets de l'action envisagée ». Cette formule donne une reconnaissance évidente aux régions et aux autres compétences locales, et le principe de la subsidiarité s'applique donc non seulement entre l'Union et les États membres mais aussi entre l'Union et le niveau régional et local.

3 – La possibilité de participation des ministres régionaux aux séances du Conseil des Ministres

La Constitution Européenne renforce la règle déjà existante selon laquelle le Conseil des Ministres est composé, lors de chaque formation, d'un représentant de chaque État membre de niveau ministériel. Au nom de l'État membre, un tel représentant est seul habilité à prendre des engagements et à voter (article 22). Conformément à cette disposition citée, un État membre peut être représenté par un ministre régional mais encore ce ministre est tenu de délibérer non seulement au nom de sa région mais au nom de tout son pays.

4 – Les initiatives qui visent à renforcer la compétence du Comité des Régions

Le Comité des Régions a présenté deux exigences principales à la Convention. L'une de ces deux exigences envisageait de définir le plus largement possible les domaines pour lesquelles il fallait demander obligatoirement son avis. Ainsi, il a été exigé de rendre obligatoire l'avis du Comité des Régions dans des domaines comme par exemple l'agriculture ou la recherche et le développement scientifique, puisque dans beaucoup de pays, ces domaines relèvent de la compétence régionale.

La deuxième principale exigence était de rendre obligatoire une argumentation des institutions de l'Union Européenne dans le cas où elles ne respecteraient pas l'avis du Comité des Régions.

Une troisième exigence courageuse du Comité des Régions était d'obtenir une attribution de co-décision dans certaines affaires et un droit de veto suspensif dans d'autres. Le Comité des Régions voulait également obtenir la possibilité de poser directement des questions à la Commission.

En étudiant le texte de la Constitution Européenne, nous pouvons constater qu'aucune des exigences du Comité des Régions mentionnées n'a eu de succès. Cependant il est important de noter que conformément à l'article 7 du protocole annexé à la Constitution Européenne, concernant l'application des principes de subsidiarité et de la proportionnalité, le Comité des Régions a le droit d'intenter une action en justice à l'encontre des actes juridiques, dont l'adoption nécessite sa consultation, selon les dispositions de la Constitution. La reconnaissance du droit d'action du Comité des Régions constitue un certain contrepoids, dans la mesure où la Convention et la conférence intergouvernementale n'ont pas retenu sur plusieurs points les propositions envisageant l'élargissement de la compétence du Comité des Régions. Nous devons également remarquer que, dans ce protocole, les parlements nationaux ont obtenu, pour contrôler la subsidiarité, un droit de contrôle préalable, alors que le Comité des Régions n'a reçu qu'un droit de contrôle a posteriori.

5 – L'ACTIVITÉ DE LOBBYING DIRECTE AUPRÈS DES INSTITUTIONS EUROPÉENNES

Les régions et les communautés font souvent fonctionner pour la représentation de leurs intérêts, des bureaux de représentation siégeant à Bruxelles. Le nombre de fonctionnaires de ces bureaux dépasse souvent le nombre de fonctionnaires des ambassades bilatérales, et le mode de fonctionnement des bureaux de représentation des régions les plus importantes ressemble plutôt à celui des Représentations Permanentes. L'objectif des bureaux des régions et des communautés à Bruxelles est d'avoir un lobbying pour la représentation et la réalisation de leurs intérêts, de se renseigner sur les ressources financières concernant le développement régional et d'influencer les décisions européennes concernant les régions dans un sens qui leur est favorable.

CONCLUSION

Dans la plupart des pays européens, pendant la deuxième moitié du 20ème siècle, les régions, de dénomination et de contenu différents, et les collectivités, organisées selon des principes ethniques, ont été créées. Le développement national est bien visible au niveau des constitutions nationales. La construction européenne, après l'adoption du Traité de Maastricht, reconnaît également l'existence d'une dimension régionale, cependant elle assure la liberté des États membres de créer leurs propres cadres et leurs propres moyens pour la régionalisation. Au niveau européen, le Comité des Régions, représentant de nombreuses régions et de collectivités locales différentes, prétend représenter les intérêts des régions, des collectivités et des autonomies locales. Les régions ne peuvent pas être considérées comme les perdantes de l'élaboration de la Constitution Européenne, malgré leurs nombreuses tentatives infructueuses, puisqu'elles ont réussi à obtenir des résultats importants sur plusieurs points. Ainsi, le fait que la Constitution respecte les autonomies, qui résultent de l'identité nationale des différents États et de leur construction politique et constitutionnelle, est un résultat important. Conformément à la Constitution, l'Union ne peut prendre un acte que si les États membres ne peuvent réaliser les objectifs de cet acte d'une manière satisfaisante, ni au niveau central ni au niveau régional ou local. Dans de nombreux cas, la mise en œuvre d'une disposition européenne doit être exécutée par les unités régionales, et pour cette raison, le nombre des politiques européennes pour lesquelles il est obligatoire de demander préalablement l'avis du Comité des Régions, ne cesse d'augmenter (p. ex. politique régionale, environnement, circulation, politique de développement). Le droit de saisine du Comité des Régions est aussi la preuve de sa compétence accrue.

Ainsi nous pouvons constater que les régions, les collectivités et le Comité des Régions, même s'ils n'ont pas pu réaliser tous leurs objectifs en s'appuyant sur l'aide politique de certains hommes politiques européens importants, peuvent faire un bilan positif de l'élaboration de la Constitution Européenne. Les dispositions de la Constitution Européenne encouragent les régions, les collectivités et le Comité des Régions à prendre au sérieux les articles qui les concernent et à donner une véritable dimension régionale à la construction européenne. Les parlements nationaux obtiendront des rôles identiques s'ils prennent au sérieux leurs attributions dans l'application des principes de la subsidiarité et de la proportionnalité, fixées par le protocole. En principe, cela permet à des organes qui étaient jusqu'à maintenant des acteurs secondaires de la construction européenne, de pouvoir jouer des rôles plus importants dans le système européen de prise de décision. Dans l'hypothèse où le Comité des Régions et les parlements nationaux prendront part effectivement au contrôle de la subsidiarité et de la proportionnalité, ils pourront alors contribuer à la baisse du déficit démocratique de l'Union Européenne. Ce changement qualitatif est rendu encore plus nécessaire par le fait que selon les dernières enquêtes de l'Eurobaromètre, le Comité des Régions est l'organe le moins connu dans les différents États membres.

Œuvres citées :

Christian Franck, *La dimension régionale et le Traité Constitutionnel de l'Union Européenne*, 2004, 6 p.
Gordos Árpád, Ódor Bálint, Az Európai Alkotmányos Szerződés születése. Tanulmányok – dokumentumok. Hvgorac. 2004, 421 p.
Christian Philip, *La Constitution Européenne*, Puf, 2004, 125 p.
Hendrik Vos, *Regions in the EU decision-making process. A classification scheme*, Studia Diplomatica, Brussel, 1999. No.5-6., 19-34 p.

Laszló J. Nagy (dir.), *Régions – nations – Europe. Conditions et perpectives historiques, culturelles et politiques*, Actes du colloque de Szeged, Szeged, 2000, 225 p.
Sipos Katalin, *A regionalizmzus történeti és jogi aspektusai (Spanyolország, Olaszország, Franciaország)*, MTA Állam-és Jogtudományi Intézete, Budapest, 1993, 248 p.

LES COLLECTIVITÉS TERRITORIALES ET L'ÉLABORATION DU DROIT COMMUNAUTAIRE

Nicole LEROUSSEAU
Professeur de Droit public à l'Université François-Rabelais, Tours (LERAD)

Le système européen fait-il une place aux collectivités territoriales dans l'élaboration du droit communautaire ? Encore aujourd'hui, la question n'appelle pas une réponse tranchée. Sans être absentes, leur place paraît réduite à la lecture des traités sur l'Union Européenne et instituant la Communauté européenne. Une telle question s'inscrit cependant dans le cadre plus large des rapports entre droit communautaire et droits nationaux de sorte que la réponse est emprunte d'une complexité certaine et placée sous le signe de l'hétérogénéité. En bref, elle procède du « oui, mais » après avoir relevé du « non, mais» et correspond à une évolution qui n'est pas achevée. Dans la rédaction actuelle des traités fondateurs, une seule disposition fait explicitement référence à ces collectivités dans leur ensemble. Elle le fait de manière seconde, ce qui traduit immédiatement l'ambiguïté de la solution retenue. L'article 263 du traité CE, une innovation du traité de Maastricht du 7 février 1992, concerne en effet « les collectivités régionales et locales » lorsqu'il traite de la création d'un Comité des régions. Il prévoit qu'« Il est institué un comité à caractère consultatif ci-après dénommé « Comité des régions», composé de représentants des collectivités régionales et locales... ». D'une part, la région est mise en avant pour faire entrer les collectivités territoriales dans le système institutionnel communautaire et, d'autre part, une simple consultation est prévue à l'égard du processus normatif sur des matières ensuite limitativement énumérées. C'est à la fois peu et beaucoup, dans la mesure où le droit communautaire et les collectivités territoriales se sont à l'origine réciproquement ignorés avant de se découvrir progressivement. Ceci s'explique par une série de raisons qui, du point de vue juridique, mettent en cause des questions de principe sources d'obstacles à des relations directes, sans être pour autant insurmontables.

En 1991, dans un dossier spécial de *L'Actualité Juridique Droit Administratif*: « CEE et collectivités territoriales », M. Jacques Biancarelli, alors juge au Tribunal de première instance, commençait son étude en observant : « Ni les dispositions des traités instituant les Communautés européennes, ni les actes de droit dérivé, c'est-à-dire les règlements, les directives ou les décisions, n'ont traité, en tant que telles, des collectivités territoriales des États membres, puisque le traité CEE n'a en rien pour objet ou pour effet de régir l'organisation administrative des États membres ou les compétences qu'ils délèguent à leurs collectivités décentralisées »[1]. Ainsi, dans le système communautaire d'intégration, les États ont conservé leur autonomie en matière d'organisation constitutionnelle et administrative interne. Le texte de la Constitution européenne, signé le 29 octobre 2004 à Rome, s'emploie à clarifier les « relations entre l'Union et les États membres » (article I-5). Face à des craintes que des éléments essentiels de l'organisation des États ne soient remis en cause, il dispose : « L'Union respecte... leur identité nationale inhérente à leurs structures fondamentales politiques et constitutionnelles, y compris en ce qui concerne l'autonomie locale et régionale.».

L'analyse de la place de telles collectivités, désignées aussi de manière plus neutre comme, « infra-étatiques », dans l'élaboration du droit communautaire, relève d'abord de la rencontre d'une double logique. L'une tient à l'exercice du pouvoir normatif au sein de l'Union Européenne, et plus spécialement selon le traité CE, l'autre à l'autonomie d'organisation de l'État.

Selon la hiérarchie des normes, la révision des traités est adoptée par la conférence intergouvernementale. Ensuite pour élaborer le droit dérivé, selon le triangle institutionnel que forment le Conseil, la Commission, le Parlement européen, les États exercent le pouvoir de décision au sein du Conseil des ministres, tempéré par les développements de la codécision avec le Parlement européen. À l'origine, seule la participation des États caractérise le droit communautaire afin d'exprimer l'ensemble des intérêts nationaux.

Toutefois, ceci a toujours laissé, à chaque État, le pouvoir d'instituer en amont, des procédures nationales susceptibles de faire prendre en compte l'expression des points de vue des collectivités régionales et locales. Ces dernières pouvant contribuer à définir la position nationale qu'il reviendra à

---

[1] BIANCARELLI (J.), « La dynamique institutionnelle », *AJDA*, 12 (1991), pp. 835-845.

l'État de défendre ensuite dans les procédures communautaires. C'est pourquoi, la participation des collectivités s'est d'abord introduite dans des dispositifs internes, par des solutions diverses, expression de la multiplicité des organisations internes. En effet, les structures institutionnelles des États membres, de l'Europe des six à l'Europe à vingt-cinq ont été et sont multiples : allant de l'État fédéral à l'État décentralisé, selon des degrés d'autonomie locale et régionale variables. Leur statut peut être évolutif puisque le mouvement de développement de l'autonomie locale, constitue l'un des axes majeurs des réformes d'organisation interne des États. Dans l'Europe élargie à 25 États membres, l'autonomie locale et régionale signifie en structures : 250 régions et 100 000 collectivités locales, au-delà des appellations particulières[2].

Or, les collectivités infra-étatiques sont dans le même temps des « sujets » du droit communautaire. Selon la répartition des compétences à l'intérieur des États membres, la règle communautaire est susceptible de créer des obligations, des droits, qui ont trait à leur propre sphère de compétences. Il s'est donc effectué une prise de conscience des « interférences » de plus en plus nombreuses qui se produisent entre le droit communautaire et celui de ces collectivités. À la suite des multiples révisions des textes fondateurs, depuis l'Acte Unique Européen de février1986, l'ordre juridique communautaire régit du point de vue économique un marché unique, comprend une monnaie unique, traite de plus de questions de cohésion économique et sociale, d'environnement. Il a créé une citoyenneté européenne, superposée à la citoyenneté nationale, et s'engage dans la protection des droits fondamentaux. Dès lors qu'il s'impose au champ des compétences régionales et locales, faire place aux collectivités concernées, dans l'élaboration de la règle, se justifie à plus d'un titre. Outre le respect de leurs compétences, s'y ajoutent la participation des différents destinataires de la règle, la qualité de la règle pour en améliorer le contenu, en favoriser la connaissance. La question des compétences n'en demeure pas moins essentielle. Elle a tendance à dicter les évolutions institutionnelles. Un parallèle peut-être fait ici avec la participation parlementaire. Les domaines qui relevaient initialement de la loi dans l'ordre interne, et qui relèvent du droit dérivé communautaire, ont eu tendance à faire l'objet de consultation des Parlements nationaux dans le cadre de procédures nationales tandis que le Parlement européen gagnait, lui, en pouvoir et légitimité grâce au développement de la codécision avec le Conseil et à l'élection au suffrage universel direct. Il existe là un précédent susceptible de nourrir la réflexion afin de mieux associer les collectivités dans l'ordre interne et de créer un

---

[2] *Cf.* travaux de la Convention européenne : « La dimension régionale et locale en Europe », document de réflexion soumis à la Convention par le Praesidium (*CONV 518/03*), 29 janvier 2003.

organe qui les représentent, ou même une « institution », à l'échelon communautaire.

Enfin les collectivités infra-étatiques sont impliquées dans la mise en œuvre du droit communautaire. Leur présence, dans le processus d'élaboration, est susceptible de favoriser une application plus respectueuse des obligations créées et ce, dans l'intérêt aussi des États. C'est un facteur qui peut contribuer à éviter des manquements au droit communautaire. De nombreuses difficultés sont suscitées au sujet des directives communautaires. En cas de retard dans leur transposition en droit interne, les dispositions claires et impératives devenant directement applicables, les collectivités infra-étatiques doivent les respecter, alors même que l'État chargé de la transposition n'y a pas procédé. La CJCE s'est prononcée en ce sens, jugeant que « tous les organes de l'administration, y compris les autorités décentralisées, telles les communes, sont tenues de faire application de ces dispositions ... et d'écarter celles des dispositions du droit national qui n'y sont pas conformes »[3]. De manière plus générale, l'État est tenu de prendre les mesures nécessaires à l'exécution des obligations découlant du droit communautaire, suivant le principe de « coopération loyale » que la CJCE a tiré de l'article 10 du traité CE[4]. Or selon l'organisation interne des États, les manquements au droit communautaire peuvent être le fait d'institutions très diverses, dont les collectivités territoriales, mais qui seront, par principe, imputés à l'État (art. 228, CE). D'après une jurisprudence communautaire constante, ce dernier « ne saurait exciper des dispositions, pratiques ou situations de son ordre

---

[3] CJCE 22 juin 1989, 103/88, Fratelli Costanzo, Rec., p. 1839 (en l'espèce : art. 29 de la directive 71/105 du Conseil). C'est en ce sens que le CE a statué dans le contentieux relatif à la réalisation du périphérique de l'agglomération lyonnaise (tronçon nord) lorsqu'il a annulé la délibération de la Communauté Urbaine de Lyon sur ce projet et la décision de son Président de signer une convention pour sa réalisation. Si la concession de travaux publics respectait les règles nationales, elle n'avait pas respecté les mesures de publicité imposées par le droit communautaire. Pour le CE, la délibération « prise sans que la Communauté Urbaine de Lyon ait assuré une publicité de ses intentions de passer ce contrat de concession compatible avec les objectifs de la directive du 18 juillet 1989, a été adoptée dans des conditions irrégulières ». (CE Ass. 6 février 1998, Tête et assoc de sauvegarde de l'ouest lyonnais, Rec., p. 30, concl. Savoie ; AJDA 1998, p. 403, chr. Raynaud et Fombeur ; CJEG 1998, p. 283, concl., note Subra de Bieusses ; JCP 1998. II. 1223, note Cassia).

[4] Selon l'article 10 du traité CE : « Les États membres prennent toutes mesures générales ou particulières propres à assurer l'exécution des obligations découlant du présent traité ou résultant des actes des institutions de la Communauté. Ils facilitent à celle-ci l'accomplissement de sa mission. Ils s'abstiennent de toutes mesures susceptibles de mettre en péril la réalisation des buts du présent traité ». Voir, LEGER (P.), dir., *Commentaire article par article des traités UE et CE*, Dalloz Paris, Bruylant Bruxelles, 2000, p. 188. CJCE ord. 13 juillet 1990, C-2/88, Zwartveld, Rec. p. I-3365.

juridique interne pour justifier l'inobservation des obligations qui lui incombent en vertu du droit communautaire. » [5].

Face aux multiples enjeux que comporte la présence des collectivités territoriales dans l'élaboration du droit communautaire, les solutions adoptées pour les faire participer au processus normatif, plus spécialement relatif au droit dérivé, ont bien sûr une dimension juridique. Il faut en outre rappeler l'expression des intérêts régionaux et locaux, sous d'autres formes, à travers le lobbying, auquel les associations de régions et de collectivités locales, tant européennes que nationales, ont largement recouru. Il a contribué à faire créer le Comité des Régions, projet défendu, en particulier, par l'Assemblée des Régions d'Europe[6].

La dimension juridique conduit, pour sa part, à des formes de participation qui permettent de consulter les collectivités territoriales. L'existence d'un pouvoir de décision est l'exception. Cette participation à une double dimension nationale et communautaire. À l'échelon national, elle conserve un caractère pluriel, tandis qu'à l'échelon communautaire, nous assistons à l'émergence d'une participation spécifique de ces collectivités grâce à la création d'un Comité des régions. Ces divers mécanismes sont certes complémentaires mais revêtent aussi une signification différente. Dans un cas, la participation est partie intégrante d'une expression nationale ; dans l'autre cas, elle tend à être placée sous le sceau d'une double autonomie puisque devenant l'expression autonome des autonomies régionales et locales.

C'est pourquoi, la nature même du système communautaire risque de se trouver concernée, d'organisation d'intégration, se profilerait la querelle du fédéralisme, surtout si la participation régionale est privilégiée. Dans l'immédiat, nous sommes ainsi en présence de progrès inégaux du statut réservé aux Collectivités territoriales dans l'élaboration du droit

---

[5] CJCE 14 janv 1988, 227 à 230/ 85, Commission c/Belgique, Rec. p. 1. Selon la Cour encore : « chaque État membre est libre de répartir, comme il le juge opportun, les compétences sur le plan interne et de mettre en œuvre une directive au moyen de mesures prises par les autorités régionales ou locales. Cette répartition de compétences ne saurait cependant le dispenser de l'obligation de s'assurer que les dispositions de la directive soient traduites fidèlement en droit interne ». Voir également la jurisprudence nouvelle condamnant la Grèce à une astreinte (20 000 euros par jour) pour inexécution d'un premier arrêt en manquement relatif au droit communautaire de l'environnement (directive du 20 mars 1978 sur l'élimination des déchets toxiques et dangereux). Il s'agissait de défaut de mesures d'élimination des déchets dans le département de La Canée en Crète où le programme avait été suspendu en raison de l'opposition de la population locale. CJCE, 4 juillet 2000 387/97, Commission c/Rép. Héllénique, Rec. p. I-5047 ; SIMON (D.), *Revue JCP Europe*, 10 (2000), n°296.

[6] L'Association des régions d'Europe (ARE), créée en 1985, a pu influencer la rédaction du traité de Maastricht qui, en 1992, introduit le Comité des régions. Voir BASSOT (E.) « Le Comité des régions. Régions françaises et Länder allemands face à un nouvel organe communautaire », *Rev. Marché Commun* (1993), pp. 729-739.

communautaire, fondés sur des modes de participation diversifiés à l'échelon national (I) et sur un mode de participation consultatif à l'échelon communautaire (II).

I – DES MODES DE PARTICIPATION DIVERSIFIÉS À L'ÉCHELON NATIONAL

Puisque les textes communautaires ont de plus en plus d'incidences sur le droit et les politiques des collectivités régionales et locales, une contrepartie consiste au moins à les associer, en amont, au stade des propositions communautaires, avant que l'État ne détermine sa position et participe à la prise de décision au sein du Conseil des ministres de la Communauté européenne. Des solutions très variables sont adoptées pour tenir compte, non seulement du cadre juridique et politique national, mais encore du degré de perfectionnement recherché. La Commission, sans avoir ici à imposer, a abordé le sujet, en faveur d'une meilleure association des collectivités infra-étatiques, dans le livre blanc relatif à la gouvernance européenne[7]. Si elle a bien admis que « la responsabilité principale d'impliquer les niveaux régionaux et locaux dans la politique de l'Union relève toujours des autorités nationales et doit continuer de relever d'elles », elle a tenu à souligner que « les gouvernements nationaux sont assez souvent perçus comme n'associant pas assez les acteurs locaux à la préparation des prises de position sur les politiques communautaires »[8].

Du point de vue national, il ne saurait être question ici de se livrer à une étude de l'ensemble des États, mais plutôt de s'intéresser à une typologie des solutions, en y incluant la situation française, où beaucoup reste à faire. Selon l'importance de l'autonomie, de l'avancée de la participation, le premier clivage se produit entre, d'une part, l'État Fédéral, l'État Régional c'est-à-dire lorsque les régions y disposent d'un pouvoir législatif et, d'autre part, l'État décentralisé.

A – LE CAS DE L'ÉTAT FÉDÉRAL, DE L'ÉTAT RÉGIONAL

Un exemple caractéristique est fourni respectivement par l'Allemagne, pour le premier, et par l'Espagne, pour le second.

Il n'est pas surprenant que ce soit dans l'État fédéral, générant la plus large autonomie, que les premières revendications et expériences de participation de collectivités infra-étatiques à l'élaboration du droit communautaire soient intervenues. Elles ont concerné les länder allemands, toujours cités en

---

[7] COM. (2001), 428 final, JOUE n°C 287, 12 octobre 2001, p. 1.
[8] *Op. cit.*

exemple, dans les études doctrinales, qui insistent sur leur intérêt[9]. Dès 1965, au Bundesrat, chambre de participation des länder à la législation de la Fédération, un comité pour les affaires relatives à la CEE est créé. Puis en 1980, une procédure de participation des länder est instituée, par accord entre le gouvernement fédéral et les länder, destinée à organiser une concertation directe dans les domaines où « les projets de la Communauté affectent leurs compétences législatives ou leurs intérêts essentiels » mais sans grande efficacité[10]. Au moment de la ratification de l'Acte unique Européen, la loi de ratification est venue renforcer les pouvoirs du Bundesrat. Quand des projets d'actes communautaires concernent les compétences des länder, l'avis du Bundesrat doit être recueilli. Lorsqu'il s'agit, pour eux, de compétence exclusive, le gouvernement ne pourra s'écarter de l'avis que « pour des motifs impérieux de politique extérieure ou d'intégration »[11]. Cette étape importante intervient lors de la consécration dans le traité CE, par l'Acte Unique, d'une politique de cohésion économique et sociale, dont l'objectif est de « réduire l'écart entre les niveaux de développement des diverses régions » (art. 158), ce qui a constitué un argument favorable à l'aboutissement des revendications des Länder. Quant à la solution retenue, l'organisation du bicaméralisme de l'État fédéral permet de renforcer le rôle de la Chambre représentative des Länder, le Bundesrat, sans créer d'institution supplémentaire.

En Espagne, les expériences relatives à l'État régional y sont plus récentes. À la différence de l'Allemagne, ce n'est pas au sein du Parlement que la solution a été recherchée, mais par la création d'une institution spéciale[12]. Une loi de 1997 a en effet prévu une Conférence État-Régions, composée des exécutifs de l'État et des Communautés autonomes[13]. Selon la nature des compétences en jeu, la consultation est différente. Pour une compétence exclusive de l'État, la Conférence est informée. Pour une compétence propre des Communautés autonomes, il revient à leurs représentants, d'adopter une position commune qui lie l'État. Pour une compétence concurrente, un double accord est requis : celui des Communautés et celui de l'État afin de définir une position commune. Cependant, elle ne liera pas l'État ensuite au cours des négociations communautaires. Ce système complexe se révèle difficile à mettre en œuvre, du fait de la répartition des compétences et de l'absence de concertation entre les régions.

---

[9] BIANCARELLI (J.) le présente comme « illustration la plus intéressante », Article précité, p. 836.

[10] BIANCARELLI (J.) Article précité, p. 836 ; BASSOT (E.), Article précité, p. 731.

[11] Loi de ratification du 19 déc 1986, présentée dans les études précitées.

[12] PONTHOREAU (M.-C.), « La question de la participation des collectivités territoriales françaises à l'élaboration nationale du droit communautaire », *AJDA* 21 (2004), pp. 1125-1134.

[13] Loi 2/97, Conferencia para los asuntos relacionados con las Communidades Europeas, Article préc., p. 1129.

B – LE CAS DE L'ÉTAT DÉCENTRALISÉ

Les droits nationaux comportent ou non des procédures de consultation. Les États nordiques fournissent, tout d'abord, deux exemples à signaler avec le Danemark et la Finlande. Au Danemark, la consultation intervient au sein de 27 comités spéciaux, institués, sous l'égide du Gouvernement, selon les politiques communautaires. Ces comités sont le lieu de concertation entre les élus locaux et les représentants des ministères pour définir, par consensus, la position de négociation danoise. En Finlande, c'est tout simplement le ministère des finances qui organise des réunions de concertation selon la loi sur l'administration locale[14].

En France, il n'existe ni texte traitant spécialement de la consultation des collectivités territoriales, ni obligation de consulter ces collectivités quand leurs compétences sont concernées[15]. Les avancées constitutionnelles de la décentralisation, dont celle inscrite à l'article premier de la Constitution, par la loi du 28 mars 2003, aux termes duquel « La France est une République indivisible… Son organisation est décentralisée », incitent à engager une réflexion sur la question. De plus, le risque accru de sanctions, en cas de violation des obligations communautaires, imputable à l'État, quelles que soient les autorités nationales habilitées à intervenir, a tendance à rétroagir pour faire prendre conscience des lacunes de la participation, en amont, dans l'élaboration du droit communautaire. Dans ce contexte, plusieurs études y ont été consacrées, provenant de sources différentes. En particulier, le Conseil d'État, dans son rapport « Collectivités territoriales et obligations communautaires »,[16] inclut des développements sur le thème de la consultation des collectivités territoriales et ce dans l'objectif de favoriser le respect du droit communautaire. Or, il part d'un constat lapidaire : « À ce jour, rien ne contraint en droit le Gouvernement à consulter les collectivités territoriales sur les propositions de texte communautaire ayant un impact sur

---

[14] Voir le Rapport du Conseil d'État « *Collectivités territoriales et obligations communautaires* » (Rapport préparé à la demande du Gouvernement, adopté par l'Assemblée générale du CE, 20 octobre 2003), Documentation française 2004, p. 55.

[15] Encore en 2003, examinant la situation des collectivités territoriales en France, le Conseil d'État dans le rapport précité se montre critique : « L'absence "en amont" de leur adoption, de toute mesure des effets financiers des textes communautaires et de toute information préalable des collectivités territoriales sur leur discussion font que ces dernières sont mises devant le fait accompli ». En ajoutant l'ampleur prise dans l'élaboration du droit dérivé par les directives, mode d'élaboration imposant la transposition par l'État dans l'ordre interne, il en résulte que les collectivités, comme l'observe le Conseil d'État, « découvrent tardivement ces obligations, une fois qu'elles sont reprises en droit interne » (p. 39).

[16] Les études proviennent de travaux officiels avec le rapport du CE précité et de travaux universitaires : PONTHOREAU (M.-C) article précité ; FERAL (H.), FERAL (P.-A), « Le comité des régions, un organe à renforcer dans l'Union européenne et à dupliquer en France », *Revue JCP A* 25 (2004), pp. 815-821.

leurs compétences ou politiques » [17]. Alors même que la France fait partie des États membres à l'origine des Communautés européennes, que d'autres États sont parvenus à insérer les collectivités territoriales, dans la définition des positions nationales, cette lacune s'explique par des raisons d'abord institutionnelles. Dès 1986, l'introduction de la cohésion économique et sociale et de la politique régionale, par l'adoption de l'Acte Unique Européen, induisait certes la question de l'association des collectivités territoriales. Toutefois, la progression de l'autonomie locale, mouvement de fond de l'organisation administrative, n'a pas été conduite au même rythme selon les États. Les progrès de la décentralisation en France ont connu une certaine lenteur. Rappelons que la réforme lancée en 1982, donne naissance à la Région comme collectivité territoriale, seulement en 1986, après élection du conseil régional au suffrage universel direct. À un moment où dans d'autres États, surtout dans le cas de structure fédérale, les régions ont pu défendre leurs compétences propres face à l'État et à la CE, les collectivités territoriales en France en étaient à se familiariser avec leur nouveau statut. Les interférences du droit communautaire et du droit des collectivités territoriales ont été ici encore faiblement perçues, tant par les élus que par la doctrine.

En 2004, le contexte français a changé, suite à une nouvelle étape, dite Acte II de la décentralisation. Il existe, en outre, sans créer de contrainte juridique, une dynamique institutionnelle européenne, en faveur du rapprochement de l'exercice du pouvoir des citoyens sous l'influence du concept de « gouvernance »[18]. Sans qu'il existe encore de véritable mouvement de revendication de la part des collectivités territoriales, des propositions de réformes voient néanmoins le jour. Puisque des compétences sont en jeu, un parallèle est souvent établi entre la situation du Parlement et celle des collectivités territoriales. Ainsi le Conseil d'État évoque-t- il la perspective à l'avenir « de demandes comparables à celles du Parlement »[19]. Il est d'ailleurs permis de s'interroger sur le point de savoir si l'association des collectivités territoriales est susceptible de passer par l'intermédiaire du Parlement. Dès lors que le pouvoir législatif du Parlement a été amputé par l'adoption de normes communautaires, spécialement par les règlements directement applicables sur lesquels il ne se prononce plus, des procédures ont été instaurées afin qu'il puisse être informé et donner un avis. En France, depuis la révision constitutionnelle de 1992, la procédure de l'article 88-4 oblige le Gouvernement à soumettre au Parlement « les projets ou propositions d'actes des Communautés européennes et de l'Union européenne comportant des dispositions législatives ». Au vu de l'existant, il peut paraître curieux que le Sénat, qui « assure la représentation des collectivités territoriales de la République » selon l'article 24 de la Constitution, n'ait pas déjà, sur la base de

[17] Rapport précité, p. 54.
[18] Livre blanc de la Commission 2001 précité.
[19] Rapport du CE précité, p. 55.

la consultation parlementaire prévue à l'art. 88-4, manifesté la volonté de s'emparer de l'expression des intérêts régionaux et locaux. L'explication tient aux caractéristiques du Sénat. Son défaut de représentativité, due à la surreprésentation du monde rural et sa volonté de concevoir son rôle, comme celui d'une chambre parlementaire généraliste, ne lui ont pas permis, en réalité, d'assumer cette fonction. Une réforme du Sénat n'étant pas d'actualité, il importe donc envisager d'autres solutions. Des exemples de droit comparé sont alors susceptibles de servir de base de réflexion, mais avec la difficulté française de déterminer ensuite des interlocuteurs puisque le grand nombre des collectivités territoriales accroît la complexité. Sur ce dernier point, ce sont les associations de collectivités, qui constituent les interlocuteurs potentiels. En matière d'institutions proprement dites, les modèles mis en avant ne sont pas neutres et renvoient à la conception même de l'organisation constitutionnelle et administrative. En ce qui concerne les propositions du Conseil d'État, il n'est guère surprenant qu'elles expriment la prudence. Elles figurent dans le rapport de 2003 qui cite les exemples des États nordiques et retient une solution mixte, à savoir la création d'un organe ad hoc, comprenant des représentants de l'ensemble des collectivités territoriales qui serait consulté et dont l'avis pourrait être pris en compte par le Sénat au titre de l'art. 88-4[20]. Instituer un tel organe ne nécessiterait donc qu'une réforme par voie réglementaire et il n'en résulterait aucune mise en cause de la nature de l'État. Parmi les propositions doctrinales, celles de M.-C. Ponthoreau vont plus loin, en suggérant de s'inspirer de l'exemple espagnol. Il conviendrait de créer une institution spéciale de représentation de l'État et des régions, ce qui se justifierait parce que la réforme de décentralisation conduirait la France, grâce au renforcement des régions, vers un État régional[21]. Quoi qu'il en soit, la phase de réflexion n'est pas encore achevée et aucune solution dans l'immédiat ne prévaut. Il est cependant permis de penser que pour des raisons où s'entremêlent le juridique et le politique, les formules novatrices ne pourront aller au-delà de ce qui demeure compatible avec l'État décentralisé. L'ordre interne n'épuise pas pour autant la matière qui s'enrichit par les développements institutionnels européens.

II – UN MODE DE PARTICIPATION CONSULTATIF À L'ÉCHELON COMMUNAUTAIRE

La reconnaissance des collectivités régionales et locales devait nécessairement passer par la création d'une structure propre de représentation, associée au processus normatif. Cette avancée est intervenue grâce au Comité des régions, nouvel organisme consultatif, prévu par le traité de Maastricht en

---

[20] Rapport du CE précité, p. 57.
[21] Article précité, p. 1136.

1992[22]. Dans le système institutionnel, le Comité des régions n'a pas été élevé au rang d'« institution », qualité réservée limitativement par l'article 7 du traité CE, au Parlement, au Conseil, à la Commission, à la Cour de justice et à la Cour des comptes. Il a été plus prosaïquement créé, comme organisme consultatif, au même titre que le Comité économique et social. Il existait depuis l'origine un comité de représentation des intérêts socio-économiques, il lui a été adjoint une représentation des intérêts territoriaux. L'article 7 dispose que « le Conseil et la Commission sont assistés d'un Comité économique et social et d'un Comité des régions exerçant des fonctions consultatives ».

Pour l'essentiel, les revendications en faveur d'un tel organisme ont été le fait du Parlement européen, de la Commission, des Associations de régions et de collectivités territoriales. Parmi les États, l'Allemagne, s'en est fait particulièrement le défenseur, en raison même de sa structure fédérale et de la demande pressante des länder. Les plus anciennes revendications remontaient aux années 1960 mais elles n'ont pu aboutir que grâce à l'introduction des dispositions nouvelles sur la cohésion économique et sociale dans le traité CEE, par l'Acte unique européen de 1986, qui a constitué un facteur déterminant. Dès lors que cette politique était dotée d'une base juridique dans le traité, pour la mener à bien, les collectivités, qui en sont les bénéficiaires, ont eu vocation à devenir interlocuteurs directs spécialement de la Commission au sein de la Communauté. Si la solution n'a pas été concomitante, elle s'est imposée rapidement. Faisant figure de « précurseur » du Comité des régions, un « Conseil consultatif des collectivités régionales et locales » a été créé par la Commission dès 1988[23], offrant pour la première fois une « tribune européenne » aux collectivités territoriales pour s'exprimer sur le développement économique régional. Le Comité des régions, qui lui a succédé à partir de son entrée en fonction, en 1994, devait néanmoins trouver sa place dans le système institutionnel et le processus de décision.

De création récente, ce Comité a su bénéficier d'un contexte favorable à son renforcement. S'il n'est pas parvenu à obtenir le rang d'institution au sens de l'article 7 du traité, l'accélération des réformes communautaires par les traités d'Amsterdam[24] et de Nice, l'incidence des élargissements lui ont été pourtant bénéfiques. Les dispositions qui le concernent ont été retouchées pour préciser son organisation et développer ses pouvoirs consultatifs. Les travaux de la Convention et le texte de la Constitution, tel que signé, ont poursuivi en ce sens. Au vu des textes et de son fonctionnement, le Comité des Régions n'est certes pas devenu un organisme parfait. Il ne fournit qu'un instrument partiel de participation des collectivités. Sa composition est loin d'être satisfaisante

[22] Traité CE : art 198 A B C ; depuis le traité d'Amsterdam : art 263, 264, 265.
[23] Déc. Commission. 24 juin 1988, JO n° L 247, 6 sept. 1988, p. 23.
[24] FERAL (P.-A.) « Le Comité des régions de l'Union européenne : du traité de Maastricht au traité d'Amsterdam », *Revue de la recherche juridique, Droit prospectif*, PU Aix-Marseille, 1 (1998), pp. 77-105.

car elle n'assure qu'une représentation discutable. Cependant son rôle consultatif dans le processus normatif est en extension.

A – Une représentation discutable des collectivités régionales et locales par le Comité des régions

La composition d'un tel organisme est a priori une gageure. Comment parvenir à ce qu'il soit le reflet de la diversité de la réalité régionale et locale au sein de la Communauté européenne, alors même que les structures territoriales des États n'ont pas d'homogénéité et relèvent de leur autonomie d'organisation constitutionnelle et administrative ? L'appellation du Comité fait déjà problème. La région n'a pas à être définie par le traité. Le terme identifie un type de collectivités, qui, d'une part, n'existe pas dans tous les États membres, c'est le cas par exemple de la Grèce ; et qui, d'autre part, renvoie à des degrés d'autonomie variables dont la plus étendue correspond à celle de l'État Fédéral comme pour les länder en Allemagne. Le traité, d'ailleurs, pour tenir compte de cette diversité structurelle, emploie une formule de portée beaucoup plus générale puisque le Comité des régions est « composé de représentants des collectivités régionales et locales» (art. 263 CE). Ses membres sont nommés pour quatre ans par le Conseil sur proposition des États. À l'origine, le vote à l'unanimité était requis. Depuis le traité de Nice, la majorité suffit. Leur nombre initialement fixé à 189 dans l'Europe à 12, est passé à 317 dans l'Europe à 25[25]. Dans le mode de formation du Comité, l'interposition de l'État demeure très prégnante et s'il a pu gagner au fil de l'évolution en légitimité, il n'en va pas de même en termes de représentativité.

Le Comité des régions est composé de représentants des collectivités régionales et locales qui sont eux-mêmes, en principe, des élus régionaux ou locaux. La présence d'élus contribue à lui donner une légitimité dont l'obtention n'est pas allée de soi. La rédaction de l'article 263 a soulevé des problèmes d'interprétation et a finalement été clarifiée. Comme elle faisait initialement référence à des « représentants des collectivités régionales et locales », lors de la première désignation des membres du Comité, la question s'est posée de savoir si ces représentants devaient obligatoirement être des élus ou pourraient être simplement des fonctionnaires. La solution des élus, défendue par la Commission, a prévalu[26] avant d'être consacrée lors de la

---

[25] L'article 263 CE, dans la rédaction du traité de Nice fixe une limite des membres à 350.

[26] L'ambiguïté était entretenue par la version grecque du texte « les représentants des collectivités locales et des administrations régionales ». Si la Commission était en faveur de la représentation par des élus, le Conseil était en faveur de la liberté des États. Voir BASSOT (E), « Le Comité des régions. Régions françaises et länder allemands face à un nouvel organe communautaire », article précité.

révisiòn du texte par le traité de Nice qui exige désormais que les membres du Comité soient « titulaires d'un mandat électoral au sein d'une collectivité régionale et locale »[27]. En raison, des rythmes différents des élections, le texte a également posé la règle du remplacement des membres du Comité quand leur mandat d'élu régional ou local vient à échéance. Élus régionaux et locaux, proposés par les États, les membres du Comité sont en outre indépendants parce qu'ils n'ont pas à recevoir de mandat impératif. Ne pas multiplier les mandats peut aussi contribuer à cette indépendance et à conforter le Comité. Le traité de Nice a introduit une incompatibilité avec le mandat de parlementaire européen[28].

La question de la représentativité du Comité est loin, quant à elle, d'être résolue. Elle a été soulevée dès la création. Étant extrêmement sensible du point de vue politique, elle est l'objet de critiques qui viennent davantage de la doctrine que des institutions. Le Comité des régions en effet a été conçu sur le modèle du Comité économique et social, organe consultatif, par excellence, d'une Communauté de nature économique. Une sorte de « mimétisme »[29] a été relevée pour aligner le statut du Comité le plus récent sur ce précédent. Or des solutions adaptées à la représentation des intérêts économiques et sociaux ne le sont pas, ipso facto, aux réalités régionales et locales. Des commentaires sont allés jusqu'à dénoncer les « incohérences de la représentativité »[30]. Les travaux de la Convention, sans éluder la question, ont montré une prudence certaine.

Le traité reprend la même clé de répartition pour attribuer, à chacun des organismes consultatifs, un nombre de membres par État[31]. Il laisse ensuite, dans le cas du Comité des régions, toute liberté aux États afin de répartir les sièges qui leur sont attribués entre les représentants des différentes collectivités régionales et locales. Une telle clé de répartition ne correspond, ni à l'importance économique, spatiale des collectivités régionales et locales, ni du point de vue juridique à leurs compétences ni à leur importance démographique. Il est sans doute délicat de trouver des critères face à une réalité régionale et locale très diversifiée. Néanmoins, le critère démographique tend à prendre de l'importance car l'Europe est aussi politique et les institutions locales sont considérées indispensables à une proximité avec

---

27 Le texte ouvre une alternative, « soit politiquement responsables devant une assemblée élue ».

28 Dans les travaux de la Convention, le Rapport de synthèse /plénière 6/7/2/2003 (*CONV 548/03*) « Débat sur la dimension régionale et locale en Europe » fait mention de ce que « certains ont demandé que les membres du Comité des régions soient désormais élus ».

29 LABOUZ (M.-F.), BURGOGNE-LARSEN (L.), DAUPS (T.) « Le comité des régions "gardien de la subsidiarité" ? », *Revue JCP Europe,* 10 (1994), pp. 1-4.

30 Source idem.

31 Chaque État se voit attribuer entre 24 et 5 représentants (art. 263), dont 24 pour l'Allemagne, la France, l'Italie, le Royaume-uni, 6 pour le Luxembourg, 5 pour Malte.

les citoyens. Il est donc le plus fréquemment employé pour critiquer le manque de représentativité actuelle et s'appuie sur le rapport, membre du Comité/citoyen, en réalité, très variable. Cette faille de la représentativité a été relevée lors de la préparation de la Constitution européenne, notamment dans les prises de position, en Allemagne, du Bundesrat[32] et dans les travaux de la Convention. Ce rapport est respectivement d'un représentant pour 3.148.000 habitants en Allemagne, d'un pour 2.400.500 en Italie, d'un pour 71.500 au Luxembourg, qui n'a pas de région[33]. En ce qui concerne ensuite les propositions de nominations, la liberté laissée aux États donne des solutions très diverses. Pour systématiser, trois formules sont à distinguer. Certains favorisent une représentation de l'échelon régional, en sorte que la représentation des autres collectivités devient résiduelle. L'exemple de l'Allemagne en est l'expression majeure avec vingt-et-un sièges sur vingt-quatre attribués aux länder[34]. D'autres choisissent des solutions mixtes pour assurer une représentation des différents échelons de collectivités. C'est le cas de la France, où cependant l'existence de trois échelons d'administration décentralisée a conduit à faire une double distinction. Les régions obtiennent la moitié de la représentation, soit douze représentants, et les départements et communes sont placés à égalité avec chacun six représentants[35]. Enfin la solution peut retenir l'échelon de base de l'administration décentralisée. En Grèce, dépourvue de régions, la représentation revient aux maires[36].

Dès lors que le Comité des régions est composé d'élus, il se trouve bénéficier d'une légitimité démocratique, trop souvent mise en avant pour le caractériser et chercher à éluder la faiblesse de la représentativité quand bien même ce second attribut contribue au premier. Le Comité lui-même ne cesse de l'invoquer. Sa contribution pour la Convention européenne lui a permis de la réaffirmer « en tant qu'interlocuteur institutionnel exclusif des collectivités

---

[32] Décision du Bundesrat, 12/7/2002.

[33] « La dimension régionale et locale en Europe » 29/1/2003, (*CONV 518/03*) précité. Il faut ajouter que les régions peuvent être plus peuplées, plus étendues en territoire que certains États.

[34] Un représentant pour chacun des 16 länder et sur les 5 restants un second par rotation avec une première attribution aux plus peuplés. Les trois restants reviennent à des représentants d'associations de communes, selon BASSOT (E.), article précité.

[35] La règle du tiers initialement envisagée par le gouvernement avait suscité des oppositions des élus locaux. CF. LABOUZ (M.-F.), BURGOGNE-LARSEN (L.), DAUPS (T.), article précité.

[36] Les mécanismes de nomination sont en outre plus ou moins contrôlés par l'État. En France la proposition des membres est effectuée par le Premier ministre en concertation avec les associations : des maires de France, des départements, des régions. Les choix « se doivent de respecter scrupuleusement l'équilibre et la représentativité qui règnent en leur sein » selon H. FERAL (H.) et FERAL (P.-A.), article précité, p. 819. Les mêmes auteurs remarquent qu'à l'échelon communautaire, au total, en pratique une part « équivalente » revient aux représentants des niveaux régional et local, p. 817.

locales et régionales dans le cadre de l'Union »[37]. Plus largement, lors de la préparation de la Constitution, si quelques critiques ont pu être exprimées sur la représentativité[38], les travaux de la Convention se sont révélés décevants. La composition du Comité des régions n'y a été que très peu envisagée. Le groupe de contact « Régions et collectivités locales » n'a rien apporté en la matière[39]. Au cours des débats en séance plénière, la question a été abordée pour faire un constat à la fois de la « très grande disproportion existant dans l'attribution des sièges » et du défaut par pays d'une représentation « équitable au sein d'une même délégation » des différents niveaux de collectivités territoriales. Le maintien du système actuel a été néanmoins demandé, assorti d'un correctif qui porterait sur l'abandon de la nomination des membres du Comité par les gouvernements nationaux, remplacée par l'élection. La synthèse du débat en séance plénière des 6 et 7 février 2003 de la Convention, quant à elle, ne relève pas de consensus sur ce sujet et il n'est pas mentionné dans les conclusions[40]. Finalement, le projet de Constitution adopté reprend les dispositions antérieures assorties de deux changements. L'art. III- 292- allonge la durée du mandat qui passe de 4 à 5 ans. Il laisse en suspens le nombre des membres et la clé de répartition. En effet du point de vue de la hiérarchie des normes, cette matière ne relève plus de l'Acte fondateur mais d'une décision du Conseil habilité à fixer à l'unanimité la composition du Comité sur proposition de la Commission. La question de l'amélioration de la représentativité est donc renvoyée à une décision du Conseil qui pourrait ainsi davantage tenir compte de critères démographiques dans la représentation des États, mais le choix de représentation des collectivités devrait, lui, continuer à relever des États au nom de l'autonomie d'organisation interne.

À défaut de réforme des textes, il y a place pour d'autres modes de représentation moins institutionnalisés. À cet égard, les associations de collectivités à l'échelon européen et à l'échelon national ont un rôle important

---

[37] Contribution du Comité des Régions pour la Convention Européenne, 8 juillet 2002, adoptée à l'unanimité (CdR 127/2002 final).

[38] C'est dans l'ordre interne, spécialement en Allemagne que le Bundesrat a rappelé « l'exigence d'augmenter la représentativité politique du Comité des régions par une répartition des sièges orientée davantage sur le nombre de la population des États membres » extrait de décision du Bundesrat du 12 juillet 2002 (Décision 58/02), in Rapport du Parlement européen, sur « *le rôle des pouvoirs régionaux et locaux dans la construction européenne* » (PE Commission des affaires constitutionnelles, NAPOLITANO (G.), (PE 313.415, 4 décembre 2002, p. 17). Le même Rapport dénonce « les carences et les incohérences qui sont susceptibles de mettre en cause la représentativité du Comité des régions » mais sans faire de proposition (p. 17).

[39] Synthèse des travaux du groupe de contact « Régions et collectivités locales » (*CONV 523/03*), 31 janvier 2003.

[40] Rapport de synthèse précité (*CONV 548/03*). Au cours du débat, « certains ont demandé que les membres du Comité des Régions soient désormais élus et non plus nommés par les gouvernements nationaux » (Rapport, p. 10).

à jouer ici. Ce rôle, dû à leur propre effort d'organisation et d'action de lobbying, se trouve renforcé parce qu'il vient s'inscrire désormais dans le développement de la gouvernance, initiée récemment par la Commission européenne. Rappelons que les associations ont vraiment pris conscience de la nécessité de défendre les pouvoirs locaux dans la décennie 1980. Elles se sont alors structurées à l'échelon européen, qu'il s'agisse de la transformation du Conseil des communes d'Europe en Conseil des communes et des régions d'Europe en 1984 ou encore de la création l'année suivante de l'Association des régions d'Europe. Si ces organismes ont défendu la création du Comité des régions, ils n'ont pas renoncé à leur propre stratégie pour chercher à influencer la règle communautaire. C'est pourquoi, en prônant une approche du pouvoir de décision complétée par la « gouvernance », la Commission contribue à officialiser leur présence auprès des institutions et organes européens. À partir du livre blanc de 2001 sur la gouvernance, la communication relative au « Dialogue avec les associations de collectivités territoriales sur l'élaboration des politiques de l'Union européenne »[41] prévoit « d'associer les acteurs territoriaux à travers les associations européennes et nationales de collectivités régionales et locales» très en amont du processus de décision. Ce sont les acteurs « appropriés » car la participation directe des collectivités est inconcevable, tant du point de vue des principes, que du fait de la dispersion structurelle qui recouvre, rappelons le, 250 régions et 100 000 collectivités locales dans l'Europe à 25. Or, cette innovation ne doit pas se faire au détriment du Comité des régions mais en complémentarité pour « contribuer à renforcer sa fonction d'interface avec les collectivités régionales et locales ». Le système suppose une sélection des associations représentatives qui devrait tenir compte d'« un juste équilibre entre les associations qui représentent différentes catégories de collectivités territoriales »[42]. Interrogé sur ces évolutions, en tant que membre du Comité et président du groupe socialiste, M. Delebarre a pu estimer que « dans ses relations avec les associations de collectivités locales », « le Comité des régions doit permettre une mise en cohérence de leurs revendications et assurer une évaluation en amont et en aval des décisions de la commission ayant un effet sur les territoires »[43].

---

[41] COM (2003) 811 final, 19 décembre 2003.

[42] COM précitée. Un dialogue est envisagé par réunions, auditions. Il a été lancé en mai 2004 par une rencontre annuelle présidée par le Président de la Commission et des rencontres sectorielles.

[43] MAZON (R.) « Les collectivités locales s'affirment au sein de l'Europe », *Gazette des communes*, 17 mai 2004, pp. 7-8.

B – UNE ASSOCIATION DES COLLECTIVITÉS RÉGIONALES ET LOCALES AU PROCESSUS NORMATIF EN VOIE D'EXTENSION PAR LE COMITÉ DES RÉGIONS

Cet organe a été institué pour participer à l'élaboration du droit communautaire dérivé, mais à titre consultatif, dans les domaines prévus par le traité. Cette compétence conçue assez restrictivement par les textes, à l'origine, a été élargie par le traité d'Amsterdam. Le Comité, ayant lui-même revendiqué davantage de prérogatives, a obtenu en partie satisfaction. De plus, la manière dont il a utilisé ses compétences, celle dont ont été conçues ses relations avec les autres institutions ont eu tendance à renforcer son influence dans le processus normatif. L'élaboration proprement dite de la règle de droit pose certes des questions matérielles quant à son objet. À l'échelon européen elle rejoint, en outre, la question cruciale de la répartition des compétences entres les différents échelons institutionnels, de la Communauté à l'État et jusqu'aux collectivités infra-étatiques. À défaut de schéma de répartition clair, il est fait ici recours au principe de subsidiarité, introduit par le traité de Maastricht (article 5 CE), en même temps d'ailleurs que la création du Comité des régions. Les plus fervents partisans de l'association des collectivités régionales et locales au processus de décision communautaire, dans un organe spécifique, l'ont aussi été du principe de subsidiarité. Dès son installation, le Comité a œuvré pour devenir le défenseur de l'application de ce principe et aspiré à exercer de nouvelles prérogatives. Le principe sert même à le caractériser puisqu'il est souvent présenté comme « gardien de la subsidiarité »[44]. À chaque révision, le Comité n'a cessé d'exprimer des revendications en ce sens. Il n'est donc pas surprenant que la préparation de la Constitution ait constitué une étape importante sur ce sujet. Sans obtenir pleinement satisfaction de ses demandes, le texte finalement adopté constitue pour lui un succès. Il vise à le renforcer non sans quelque ambiguïté quant à la protection des compétences régionales et locales face aux développements communautaires.

Le Comité des régions se distingue en premier lieu par l'exercice d'une compétence exclusivement consultative. Il est consulté par le Conseil, la Commission, le Parlement[45]. Il s'agit du point de vue juridique d'un avis simple. Le sens de l'avis ne s'impose pas à l'autorité qui décide, ce qui n'est pas pour autant négligeable dans le processus normatif. Le système est ensuite quelque peu complexe en raison de modalités variables. L'article 265 a prévu trois cas distincts de consultation et un droit d'initiative. Il s'agit d'abord de

---

[44] Une des premières déclarations du Président du CdR en 1994, est significative à cet égard : Jacques Blanc « Nous allons être les gardiens de la subsidiarité, nous serons les porteurs du message de l'aménagement du territoire, entre les États mais aussi à l'intérieur de nos régions », *Le Monde*, 27-28 mars 1994, in LABOUZ (M.-F.), BURGOGNE-LARSEN (L.), DAUPS (T.), article précité.

[45] Le Parlement a été ajouté par le traité d'Amsterdam.

consultation obligatoire[46] avant l'adoption de mesures déterminées qui correspondent le plus souvent du point de vue communautaire, à des compétences dites « complémentaires », c'est-à-dire des actions d'encouragement, des actions spécifiques pour lesquelles il n'est pas prévu d'harmonisation des dispositions législatives et réglementaires. Du point de vue de l'ordre juridique interne des États, elles mettent fréquemment en cause des compétences des collectivités infra-étatiques. La consultation est ainsi prévue en matière de cohésion économique et sociale lorsque sont arrêtées « des actions spécifiques qui s'avèrent nécessaires en dehors des fonds » (art. 159), lorsque sont définies « les missions, les objectifs prioritaires et l'organisation des fonds à finalité structurelle » (art 161) et lorsque sont édictées des « décisions d'application relatives au fonds européen de développement régional » (art. 162). Les autres secteurs visés sont les réseaux transeuropéens (art. 156), la culture (art. 151 & 5), l'éducation (149 & 4), la santé (152 & 4). Le traité d'Amsterdam, pour mieux tenir compte des intérêts régionaux et locaux, et dans le sens préconisé par la doctrine, a élargi la consultation à cinq nouveaux secteurs : emploi (art. 128, 129), politique sociale (art. 137 et 148) formation professionnelle (art. 150), transports (art. 71), environnement (art. 175). La consultation est ensuite simplement facultative puisque le Conseil, la Commission, le Parlement peuvent le saisir. Pour le Conseil et la Commission quand « l'une de ces institutions le juge opportun » (art. 265) et en faisant mention du cas particulier de « la coopération transfrontalière ». Le Comité est en effet une structure très appropriée pour traiter de cette coopération. La consultation du Comité des régions est encore prévue sur « saisine indirecte », suite à celle du Comité économique et social. Cette formule originale permet d'étendre son champ d'intervention et d'éviter qu'il ne soit marginalisé par rapport à l'organe consultatif antérieur. Une fois le Conseil économique et social saisi pour avis, le Comité des régions en est informé et peut émettre un avis « lorsqu'il estime que des intérêts régionaux spécifiques sont en jeu » (art. 265). Cette condition est laissée à son appréciation. Enfin, il a un droit d'initiative, puisqu'il peut émettre un avis « dans les cas où il le juge utile », ce qui lui réserve donc une part d'autonomie (art. 265).

À partir du traité, et depuis dix ans qu'il fonctionne, le Comité des régions est parvenu à s'insérer effectivement dans le processus normatif. En témoignent son rythme d'activité important et les relations qui se sont développées, avec les institutions, au-delà de la lettre des textes. En 2002 par exemple, il a adopté quarante-quatre avis dont douze sont des réponses à des consultations obligatoires, vingt-deux à des consultations facultatives et dix de

---

[46] Art. 265 : « Le comité des régions est consulté par le Conseil ou par la Commission dans les cas prévus au présent traité… Le Comité des régions peut être consulté par le Parlement européen ».

sa propre initiative ainsi que deux résolutions[47]. La Commission, pour sa part, choisit une ligne d'action favorable à la consultation du Comité au-delà de la distinction consultation obligatoire, facultative. Les critères employés pour le consulter, qui ne sont pas cumulatifs, tiennent compte des enjeux territoriaux et normatifs : « lorsque la matière relève du pouvoir réglementaire ou d'exécution attribués à des collectivités territoriales ; lorsque la réglementation envisagée est susceptible d'affecter directement le fonctionnement de l'administration régionale et locale ; lorsque l'action communautaire est susceptible d'avoir un impact économique différent selon les régions »[48]. Les modalités de la coopération institutionnelle avec le Comité ont été précisées par communications de la Commission. Dès 1995, celle-ci a prévu en amont d'identifier selon son programme de travail, les projets soumis à avis, ce qui facilite celui du Comité, et en aval de préparer un rapport d'information sur les suites données aux avis[49]. Dans le cadre précité de la gouvernance depuis 2001, de nouveaux développements sont appelés à intensifier la coopération entre la Commission, le Comité et les Associations de régions et collectivités locales, dans l'objectif d'ouvrir plus en amont encore le débat sur le lancement de projet[50].

Pour l'avenir, obtenir de se prononcer au-delà d'une compétence consultative, semble néanmoins inconcevable parce qu'il faudrait changer la nature du Comité des régions, poser la question d'une nouvelle chambre législative. Lorsqu'il a revendiqué de renforcer la portée de ses avis en cas de consultation obligatoire c'est-à-dire que le Conseil, la Commission justifient la non-prise en compte des avis, un tel renforcement a été refusé à Nice, s'est heurté à une fin de non recevoir lors des travaux sur la Constitution.

En revanche, son rôle à l'égard du principe de subsidiarité pourrait aller en croissant. Au sein de l'Union européenne, la courte histoire du Comité et celle du principe de subsidiarité comptent de multiples interférences. Le Comité des régions a su faire preuve ici de constance. P.-A. Feral, qui en est un observateur attentif, l'a clairement montré[51]. Sa position a été linéaire de son

---

47 Rapport Général 2002, Commission, p. 484. Il a adopté une stratégie d'activité soutenue qui peut-être critiquée par certains de ses membres. Selon DELEBARRE (M.) : « l'abondance des avis qu'il rend neutralise à peu près tout », *Gazette des communes*, 17 mai 2004, Article précité.

48 Rapport Général 1995, Commission, p. 474.

49 Communication sur l'« approfondissement des relations avec le Comité des régions », 19 avril 1995, Rapport Général 1995, p. 474.

50 Protocole de coopération sur les modalités de coopération entre la Commission et le CdR, 20 septembre 2001.

51 FERAL (P.-A) « Le principe de subsidiarité après la signature du traité établissant une constitution européenne », *AJDA*, n°38 (2004), pp. 2085-2093. FERAL (P.-A) « Retour en force du principe de subsidiarité dans le traité constitutionnel : de nouvelles responsabilités pour les Parlements nationaux et le Comité des régions », *Rev. Marché Commun Union Européenne*, n° 481 (2004), pp. 496-499.

entrée en fonction jusqu'à l'aboutissement des travaux de la Convention. En effet, le traité d'Amsterdam, sans toucher à l'article 5 CE sur le principe de subsidiarité et son complément le principe de proportionnalité, a été complété par le protocole numéro 7 selon lequel, en matière de compétences qui ne sont pas exclusives, le principe de subsidiarité « donne une orientation pour la manière dont ces compétence doivent être exercées au niveau communautaire ». Il y avait là une opportunité d'introduire la protection des compétences infra-étatiques. Le protocole fait une timide avancée en théorie, mais importante en fait, lorsqu'il prévoit pour la Commission, au titre de la proportionnalité, l'obligation, dans ses propositions, de « tenir dûment compte de la nécessité de faire en sorte que toute charge, financière ou administrative, soit le moins élevée possible » qu'elle incombe aux différents destinataires de la règle : « à la Communauté », « aux gouvernements nationaux » ou, référence nouvelle, « aux autorités locales ». Ceci ne pouvait que satisfaire les défenseurs de l'autonomie locale, mais restait bien en deçà de ce que le Comité avait proposé en adoptant, en avril 1995, un rapport sur le principe de subsidiarité, préparé par sa commission Affaires institutionnelles, et devant servir de contribution à la préparation de la conférence intergouvernementale[52]. Ses propositions portaient, d'une part, sur l'introduction des collectivités régionales et locales, en plus des États, dans la définition du principe de subsidiarité et, d'autre part, sur le droit reconnu au Comité de saisir la Cour de Justice pour en assurer la défense. Elles étaient encore prématurées mais leur expression était une manière de prendre date à l'égard des évolutions institutionnelles.

Le lancement du projet de Constitution a permis au Comité des régions de les reprendre au titre de contribution pour la Convention[53]. Parmi les propositions des différentes institutions, elles ont été soutenues par le Parlement européen[54]. Au cours des travaux de la Convention, le groupe de travail subsidiarité a adopté des conclusions en ce sens le 23 septembre 2002[55]. Lorsque la Convention a traité en séance plénière de « la dimension régionale et locale » les 6 et 7 février 2003, la proposition du groupe de travail précité a reçu un « large soutien » sans parvenir cependant au consensus[56]. Le texte de la Constitution, tel qu'il a été finalement adopté, introduit donc à l'art. 1-11 « Principes fondamentaux », la formule suivante : « en vertu du principe de subsidiarité, dans les domaines qui ne relèvent pas de sa compétence exclusive, l'Union intervient seulement si, et dans la mesure où,

---

[52] Rapport Général 1995, Commission, p. 476.

[53] CdR 127/2002 final, 8 juillet 2002, « Contribution du Comité des régions pour la Convention européenne » adoptée à l'unanimité.

[54] PE, résolution, 14 janvier 2003, « Rôle des pouvoirs régionaux et locaux dans la construction européenne » (*CONV 511/03*).

[55] *CONV 286/02*.

[56] *CONV548/03*.

les objectifs de l'action envisagée ne peuvent pas être atteints de manière suffisante par les États membres, tant au niveau central qu'au niveau régional et local, mais peuvent l'être mieux, en raison des dimensions ou des effets de l'action envisagée, au niveau de l'Union ». La formulation, quant au niveau précité, est plus neutre que ne le serait l'emploi de collectivité, et réserve mieux ainsi l'autonomie d'organisation constitutionnelle et administrative de l'État, pouvant inclure notamment les modes de déconcentration, de décentralisation. Comme ensuite l'application du principe de subsidiarité fait l'objet d'un protocole, il comporte dans ses conditions de mise en œuvre des garanties tout à fait nouvelles. Elles donnent un rôle éminent aux Parlements nationaux, susceptibles de déclencher une procédure d'alerte en amont et, du point de vue contentieux, elles comportent l'attribution au Comité des régions d'un droit de saisir la Cour de justice[57], pour connaître d'un recours pour violation par un acte législatif du principe de subsidiarité.

Le rôle de gardien de ce principe est reconnu. Toutefois, en raison de la position du Comité des régions dans le système institutionnel communautaire, de l'ambiguïté du principe lui-même, cette solution laisse place à des interrogations. La question non résolue de sa représentativité, celle du poids des régions sont appelées à se poser de nouveau. Le Comité des régions ne risquerait-il pas de devenir plus que jamais, selon son appellation, le défenseur d'intérêts régionaux, et dans un secteur où les enjeux sont politiques, de soutenir une lecture partisane de la subsidiarité ? Ceci ne manquerait pas de renvoyer alors au sujet polémique de la nature du système communautaire, de sa spécificité, de son caractère fédéral ou non.

[57] Protocole, n°2 sur l'application des principes de subsidiarité et de proportionnalité, art. 8 al. 2 « de tels recours peuvent aussi être formulés par le Comité des régions contre des actes législatifs européens pour l'adoption desquels la Constitution prévoit sa consultation ».

INTÉGRATION EUROPÉENNE
ET GESTION LOCALE

L'ENCADREMENT COMMUNAUTAIRE DES PARTENARIATS PUBLIC-PRIVÉ[1]

François BRENET
Maître de Conférences à l'Université François-Rabelais de Tours (L.E.R.A.D)

1. Rarement un sujet technique comme celui des partenariats public-privé (PPP) n'aura suscité un engouement aussi vif et des échanges aussi passionnés entre ses promoteurs et ses détracteurs. Le 9 novembre dernier, le député de la Saône-et-Loire, Arnaud Montebourg, affirmait ainsi à l'Assemblée nationale que le PPP n'était ni plus ni moins qu'une « bombe juridique à fragmentation dans l'ordonnancement administratif des collectivités publiques ». À cette attaque virulente, le secrétaire d'État à la réforme de l'État Éric Woerth a répondu que les PPP ne méritaient pas un « tel excès d'indignité »[2] ; qu'ils n'étaient qu'un nouvel outil à la disposition des collectivités locales et de l'État permettant de répondre à leurs besoins de financement, de construction, de maintenance, d'entretien, et de gestion d'équipements de grande envergure. Cette joute verbale illustre à elle seule la dimension politique du débat né en France à la suite de la création par l'ordonnance du 17 juin 2004[3] de cette

---

[1] Le style oral de cette communication faite à Tours lors du colloque organisé par le LERAD et le GERCIE le 19 novembre 2004 a été volontairement conservé.

[2] Vote du projet de loi de simplification du droit tel que rédigé par la Commission mixte paritaire, JOAN du 9 novembre 2004.

[3] Ordonnance n°2004-559 du 17 juin 2004 sur les contrats de partenariat, JORF, 19 juin 2004, p. 10994. Cette ordonnance a été ratifiée en deux temps : d'abord discrètement par l'article 153 de la loi n°2004-806 du 9 août 2004 relative à la politique de santé publique, JORF, 11 août 2004, p. 14277 puis de façon plus officielle pour les dispositions non concernées par la première loi par l'article 78 de la loi n°2004-1343 du 9 décembre 2004 de simplification du droit, JORF, 10 décembre 2004, p. 20857.

nouvelle catégorie de contrats administratifs que constituent les contrats de partenariat.

2. S'ils possèdent incontestablement une dimension politique[4], les contrats de partenariat posent aussi de nombreuses questions juridiques, la première d'entre elles étant certainement celle de la définition de la notion de partenariat public-privé. L'article 1er de l'ordonnance du 17 juin 2004 (article L.1414-1 du CGCT pour les collectivités territoriales et leurs groupements) définit les contrats de partenariat comme des « contrats administratifs par lesquels la personne publique confie à un tiers, pour une période déterminée en fonction de la durée d'amortissement des investissements ou des modalités de financement retenues, une mission globale relative au financement d'investissements immatériels, d'ouvrages ou d'équipements nécessaires au service public, à la construction ou transformation des ouvrages ou équipements ainsi qu'à leur entretien, leur maintenance, leur exploitation ou leur gestion, et, le cas échéant, à d'autres prestations de services concourant à l'exercice, par la personne publique, de la mission de service public dont elle est chargée ». Bien qu'elle ne brille pas par sa précision et sa concision[5], cette définition permet d'identifier les caractéristiques principales des contrats de partenariat. La relation unissant la personne publique à son partenaire doit tout d'abord être de nature contractuelle, la précision est d'importance car l'on sait que le partenariat public-privé se manifeste aussi sous la forme institutionnelle[6]. Le contrat doit être conclu pour une longue durée ou en tout cas pour une durée suffisamment longue permettant au tiers d'amortir ses investissements. Enfin, le contrat doit avoir pour objet de confier une mission

---

[4] On doit souligner que les critiques ont émané de l'opposition mais aussi, ce qui est plus surprenant, de la majorité. Pour les parlementaires de l'UDF, voir par exemple : AMOUDRY (J.-P.), JO Sénat, 7 mai 2003, p. 2893 ; MERCIER (M.), JO Sénat, 7 mai 2003, p. 2925 ; THOMAS (R.), JOAN, 4 juin 2003, p. 4412 ; BACHE (D.), JO Sénat, 11 juin 2003, p. 4084. Pour les parlementaires de l'UMP, voir par exemple : FOUCHE (A.), JO Sénat, 7 mai 2003, p. 2884 ; JARLIER (P.), JO Sénat, 7 mai 2003, p. 2900 ; ALDUY (J.-P.), JO Sénat, 7 mai 2003, p. 2918 et 11 juin 2003, p. 4081 ; RICHERT (P.), JO Sénat, 7 mai 2003, p. 2924, etc.

[5] Certains auteurs, également défenseurs du PPP, voient dans cette définition « la seule véritable faiblesse du texte » ; LIGNIERES (P.), *Le régime juridique des nouveaux contrats de partenariats public-privé*, Les Annales de la Voirie n°83, janvier-février 2004, p. 22 et spéc. p. 26.

[6] *Livre vert de la Commission sur les partenariats public-privé et le droit communautaire des marchés publics et des concessions*, COM (2004). Sur ce Livre vert : BRENET (F.), *Les PPP confrontés au droit communautaire des marchés et des concessions*, JCP A, 2004, 2518 ; CABANES (X.), *Livre vert sur les PPP : une « couche supplémentaire» au millefeuille des contrats publics*, ACCP juin 2004, p. 68 ; TESSIER (A.), *Le Livre vert de la Commission européenne sur les partenariats public-privé et le droit communautaire des marchés publics et des concessions*, BJCP 2004, n°37, p. 419.

globale à son titulaire (financement, conception, construction, transformation, entretien, maintenance, exploitation, gestion…)[7].

3. Mais ces trois critères sont à eux seuls insuffisants pour distinguer les contrats de partenariat d'autres formes de relations contractuelles. C'est ici toute l'ambiguïté de l'expression « contrats de partenariat » qui apparaît car la notion de partenariat public-privé est à la fois plus ancienne et plus large que ne le laissent entendre les promoteurs du contrat institué en 2004. Elle est plus ancienne car la concession de service et de travaux publics est historiquement l'une des premières formes de partenariat entre le secteur public et le secteur privé[8]. Elle est aussi plus large car le PPP ne se limite pas aux contrats de partenariat institués par l'ordonnance du 17 juin 2004. Les contrats de concession, certains marchés publics (les anciens marchés d'entreprise de travaux publics), certains contrats d'occupation du domaine public et les contrats sectoriels institués à partir de 2002 s'inscrivent assurément dans une logique partenariale. À chaque fois, le titulaire de ces contrats est chargé pour une période relativement longue de mener à bien une mission globale (financement, conception, construction, entretien, exploitation, etc.). De sorte qu'il ne fait aucun doute que l'ordonnance du 17 juin 2004 a introduit une dose de complexité supplémentaire dans notre droit des contrats publics[9]. Ce constat est d'autant plus paradoxal que ladite ordonnance a été prise sur le fondement de la loi du 2 juillet 2003 qui autorisait le gouvernement à légiférer par ordonnance pour… simplifier le droit. En effet, en créant une nouvelle catégorie de contrats administratifs, elle a ajouté une couche supplémentaire à notre millefeuille des contrats publics[10] et en la dénommant « contrats de partenariat » elle a opéré une confusion entre le genre (le PPP *lato sensu* qui renvoie au modèle concessif, au METP, etc.)[11] et l'espèce (le contrat de

---

[7] Comme le relève très justement Pierre Delvolvé, il aurait certainement été plus judicieux de qualifier les contrats de partenariat de contrats globaux (DELVOLVE (P.), *Les contrats globaux*, RFDA 2004, p. 1079).

[8] Le Conseil d'État n'affirmait-il pas dans son rapport public pour 2002 (*Collectivités publiques et concurrence*, EDCE, n°53, p. 319) que « le partenariat public-privé bénéficie en France d'une longue tradition et son modèle en est incontestablement le régime de la concession et plus généralement de la délégation de service public. Si ce modèle ne résume pas toute la vitalité du PPP, il en est incontestablement la manifestation la plus solide ».

[9] BREVILLE (A.) BEZANCON (X.), *Quel montage contractuel en PPP ?*, MTP, 15 octobre 2004, cahier détaché n°2, p. 9 : « DELVOLVE (P.), *Les contrats globaux*, précité, p. 1080.

[10] Les auteurs spécialistes de la matière n'hésitent plus à titrer « *le droit des contrats publics en miettes* » (LLORENS (F.) et SOLER-COUTEAUX (P.), CMP 2004, Repère n°1). Sur les effets du déclin du caractère jurisprudentiel du droit administratif en général et du droit des contrats administratifs en particulier : MELLERAY (F.), *Le droit administratif doit-il redevenir jurisprudentiel ?*, AJDA 2005, p. 637.

[11] BRACONNIER (S.) et LIGNIERES (P.), *Partenariats public-privé*, JCA, fascicule 646, n°2 : les PPP *lato sensu* sont définis comme « *toutes les formes de collaboration entre des acteurs publics et privés à propos d'un projet* ».

partenariat). Cette confusion est regrettable mais puisqu'elle existe il ne saurait être question, désormais, de confondre, en droit interne tout au moins, le partenariat public-privé au sens large du terme qui est une notion un peu « creuse »[12] englobant plusieurs catégories de contrats et le contrat de partenariat dont la conclusion, l'exécution, le contenu et la rupture sont encadrés par des règles précises. Pour d'évidentes raisons de temps, seule la question de la confrontation entre ce dernier et le droit communautaire sera ici examinée[13].

4. La création des contrats de partenariat par l'ordonnance du 17 juin 2004 a été justifiée sur la base d'un argumentaire qui peut être synthétisé autour de deux axes : la critique du droit existant et la valorisation des atouts de la nouvelle formule. Le cadre juridique antérieur a été jugé lacunaire, trop complexe et trop rigide par les promoteurs de la réforme. L'alternative marché public/convention de délégation de service public ne permettant pas, selon eux, de mener à bien des opérations à vocation globalisante nécessitant des investissements importants. On a reproché au droit des marchés publics d'interdire tout mécanisme de paiement différé et de limiter considérablement les cas de recours à des marchés globaux. De même que l'on a reproché au droit des délégations de service public de ne pas pouvoir s'appliquer à des opérations nécessitant un partage des risques entre les deux contractants.. Présenté comme « le chaînon manquant » des contrats publics[14] et directement du modèle britannique de la Private Finance Initiative (PFI), le contrat de partenariat présenterait selon ses défenseurs au moins quatre avantages[15]. Il permettrait tout d'abord d'accroître les financements privés des équipements et services publics tout en étalant dans le temps le remboursement des investissements réalisés par le partenaire privé. Ce dernier étant rémunéré par un prix versé par la personne publique (et non par les usagers) pendant toute la durée du contrat (et non au fur et à mesure de l'avancement des travaux). Il permettrait ensuite de réduire les délais de construction des ouvrages du fait du caractère global du contrat portant à la fois sur la conception et la réalisation des ouvrages. Il permettrait encore d'améliorer la qualité des

---

[12] DENOIX de SAINT-MARC (R.), *La question de l'administration contractuelle*, AJDA 2003, p. 970 : le partenariat est « une notion assez creuse, qui n'a pas [...]de contenu précis sur le plan juridique ».

[13] L'expression PPP doit donc être entendue comme synonyme de contrat de partenariat.

[14] MARTY (F.), TROSA (S.), VOISIN (A.), *Le « chaînon manquant » des contrats publics : les partenariats public-privé*, Pouvoirs Locaux, n°59, 2003, p. 123 ; MARTOR (B.) et THOUVENOT (S.), *Les contrats de partenariat : une nouvelle alternative aux modes traditionnels d'achat public*, JCP A, 2004, 1442.

[15] Comme le relève très justement François Lichère, le modèle britannique a certainement fait l'objet de « présentations parfois excessivement angéliques [...] émanant [...] d'une (petite) partie de la doctrine » (LICHERE (F.), *Les contrats de partenariat. Fausse nouveauté ou vraie libéralisation dans la commande publique ?*, RDP 2004, p. 1547 et spéc. p. 1549.

prestations fournies par l'opérateur privé, un seul opérateur étant chargé de la maintenance, de l'entretien, voire de l'exploitation de l'ouvrage. Il permettrait enfin de faire des économies d'échelle, de tirer profit des gains de productivité et de qualité qui sont en général attendus des méthodes de gestion privée.

5. En vérité, il est difficile d'évaluer, aujourd'hui, les mérites des contrats de partenariat. Mais il ne fait aucun doute que ce sont d'autres raisons qui ont justifié leur institution. Les collectivités publiques devaient faire face à un cruel besoin en équipement et à un double manque, un manque de temps et un manque d'argent. Qu'il s'agisse de l'État ou des collectivités locales, de nombreux équipements publics faisaient défaut (en témoignent les mécanismes sectoriels institués par la loi d'orientation et de programmation pour la sécurité intérieure du 29 août 2002[16], par la loi d'orientation et de programmation pour la justice du 9 septembre 2002[17], par loi de programmation militaire du 27 janvier 2003[18], par la loi du 18 mars 2003 sur la sécurité intérieure[19], par l'ordonnance du 4 septembre 2003 portant simplification de l'organisation et du fonctionnement du système de santé ainsi que des procédures de création d'établissements ou de services sociaux ou médico-sociaux soumis à autorisation[20] et par la loi du 26 novembre 2003 relative à la maîtrise de l'immigration, au séjour des étrangers en France et à la nationalité[21]) ou méritaient d'être rénovés très rapidement en raison de leur état de vétusté (station d'épuration, réseau de distribution d'eau, casernes de gendarmerie, prisons, hôpitaux...). Parallèlement, les pouvoirs publics avaient pleinement conscience que l'État et les collectivités locales n'avaient pas les capacités suffisantes pour financer de tels investissements, le contexte économique et le respect des critères de Maastricht ne le permettant pas.

6. Cette situation n'est pas propre à la France. De nombreux États se sont dotés au cours des dernières années d'outils contractuels leur permettant de faire préfinancer la construction et l'exploitation d'ouvrages publics par le secteur privé. Le gouvernement français n'a d'ailleurs jamais caché qu'il s'était fortement inspiré de la PFI mise en place par le gouvernement

---

[16] JO du 30 août 2002, p. 14398.
[17] JO du 10 septembre 2002, p. 14394.
[18] JO du 29 janvier 2003, p. 1744.
[19] JO du 19 mars 2003, p. 4761.
[20] JO du 6 septembre 2003, p. 15391. Ordonnance ratifiée par la loi n°2004-806 du 9 août 2004, JO du 11 août 2004, p. 14277.
[21] JO du 27 novembre 2003, p. 20136.

britannique à partir de 1992[22]. Face à la montée en puissance de ces nouvelles relations contractuelles (en Grande-Bretagne mais aussi en Allemagne, en Italie et désormais en France), la Commission européenne a réagi en publiant un Livre vert le 30 avril 2004 sur « les PPP et le droit communautaire des marchés et des concessions ». Ce dernier s'interroge sur les conditions du recours aux PPP dans le respect des règles communautaires en même temps qu'il ouvre d'intéressantes perspectives. Le livre vert consacre en effet, et pour la première fois, l'existence d'une notion communautaire de partenariat public-privé et précise les règles qui doivent lui être appliquées (II).

I – La notion communautaire de partenariats public-privé

7. La conception extensive de la notion de partenariat public-privé (A) n'élude pas la question essentielle de la qualification des opérations de PPP au regard des notions de marchés publics et de concession (B).

A – Une conception extensive des partenariats public-privé

8. Les PPP ne font pas l'objet, en droit communautaire, d'une définition précise, d'origine jurisprudentielle ou textuelle, à laquelle correspondrait un régime juridique parfaitement identifié. Le PPP n'est pas encore un contrat spécial, un contrat nommé pour utiliser les termes du code civil, comme il peut l'être en droit français[23]. Mais face au développement des PPP, les autorités communautaires ont dû cerner la notion et pour ainsi dire mettre des mots sur un phénomène en pleine expansion. Le Livre vert les définit ainsi « comme des formes de coopération entre les autorités publiques et le monde des entreprises qui visent à assurer le financement, la construction, la rénovation, la gestion ou l'entretien d'une infrastructure ou la fourniture d'un service »[24]. Une telle définition se veut extrêmement large et il ne fait aucun doute qu'elle a vocation à englober toutes les formes de PPP existantes ou qui pourraient émerger dans les États membres. Elle mérite toutefois d'être précisée. Pour les autorités communautaires, quatre critères caractérisent les PPP : la durée relativement longue de la relation contractuelle qui implique

[22] La politique de PFI s'est développée en Grande-Bretagne sous le gouvernement conservateur de John Major à partir de la fin de l'année 1992. Elle n'a absolument pas été remise en cause par le gouvernement travailliste de Tony Blair qui l'a poursuivie tout en l'amendant légèrement (en renforçant l'expertise administrative, en la centralisant et en la standardisant via l'élaboration de documents-types). On se référera avec profit au rapport de Mission interministérielle pour la qualité des constructions publiques, *Le développement de la procédure de PPP/PFI en Grande-Bretagne*, MTP, 11 juin 2004, cahier détaché n°2 et MTP, 2 juillet 2004, cahier détaché n°3.

[23] GAUDEMET (Y.), *Les contrats de partenariat public-privé : étude historique et critique*, précité, p. 339 : « Le contrat de partenariat public-privé est une variété particulière de contrat administratif, une sorte de « contrat spécial » pour employer la terminologie du droit privé des obligations ».

[24] *Livre vert de la Commission sur les partenariats public-privé et le droit communautaire des marchés publics et des concessions*, précité, §1.1.1.

une coopération entre le partenaire public et le partenaire privé sur différents aspects du projet à réaliser ; le principe du financement privé des ouvrages, même si des financements publics peuvent également intervenir ; le rôle important de l'opérateur économique qui est appelé à intervenir à différents stades du projet (conception, réalisation, mise en œuvre, financement) et le rôle plus limité de l'opérateur public qui se concentre essentiellement sur la définition des objectifs à atteindre en termes d'intérêt public, de qualité des services offerts, de politique des prix et sur le contrôle du respect de ces objectifs. Enfin, le PPP repose sur le principe de la répartition des risques entre le partenaire privé et le partenaire public en fonction des capacités respectives des parties en présence à évaluer, contrôler et gérer ceux-ci.

9. L'application de ces critères aux différentes catégories de contrats administratifs que consacre notre droit confirme un élément essentiel souligné dès le début de cette intervention. Les contrats de partenariat institués par l'ordonnance du 17 juin 2004 sont une forme de partenariat public-privé (le contraire eut été surprenant) mais ils ne sont pas la seule forme de partenariat public-privé. En effet, d'autres contrats tels que la concession de service public et de travaux publics, les marchés d'entreprise de travaux publics, certains contrats domaniaux et contrats sectoriels appartiennent également à la famille des PPP. Autant dire que le contrat de partenariat institué par l'ordonnance du 17 juin 2004 constitue davantage une forme « d'aboutissement »[25] qu'une véritable création.

B – LA QUALIFICATION COMMUNAUTAIRE DES PARTENARIATS PUBLIC-PRIVÉ

10. Le droit communautaire des contrats repose sur une logique binaire qui s'articule autour des concessions et des marchés publics[26]. L'identification d'un PPP au sens communautaire ne déclenchant pas, pour le moment en tout cas, l'application d'un régime juridique spécial, il faut chercher à savoir s'il peut être qualifié de marché public (1°) ou de concession (2°) en droit communautaire pour déterminer les règles qui doivent lui être appliquées.

1 – PARTENARIAT PUBLIC-PRIVÉ ET MARCHÉ PUBLIC

11. La directive du Parlement européen et du Conseil du 31 mars 2004 relative à la coordination des procédures de passation des marchés publics de travaux, de fournitures et de services, entrée en vigueur le 30 avril 2004, définit les marchés publics comme «des contrats à titre onéreux conclus par écrit entre un ou plusieurs opérateurs économiques et un ou plusieurs pouvoirs adjudicateurs et ayant pour objet l'exécution de travaux, la fourniture de

---

[25] GAUDEMET (Y.), *Les contrats de partenariat public-privé : étude historique et critique*, précité, p. 333.

[26] Certains auteurs croient pouvoir identifier trois catégories de contrats en droit communautaire : les marchés publics, les concessions de travaux et les concessions de services (en ce sens : LLORENS (F.), *Les contrats de partenariat*, RJEP 2004, p. 511 et spéc. p. 530).

produits ou la prestation de services »[27]. De cette définition, il résulte que le marché public est identifié sur la base d'un triple critère, organique, matériel et financier. Du point de vue organique, le marché doit être conclu entre un pouvoir adjudicateur (pour faire simple, une personne publique) et un opérateur économique (qui peut être un entrepreneur, un fournisseur ou un prestataire de services). Du point de vue matériel, le marché public peut être un marché de travaux, de fournitures ou de services. Enfin, du point de vue financier, le marché public est un contrat conclu à titre onéreux, ce qui signifie au regard de la jurisprudence de la Cour qu'il peut déboucher sur le versement d'un prix ou sur un abandon de recettes (recettes publicitaires), voire sur une exonération de charges (charges fiscales, redevances d'occupation du domaine public...)[28].

12. Il ne fait aucun doute que les contrats de partenariat sont susceptibles d'être qualifiés de marchés publics au sens communautaire du terme[29]. Ces derniers sont nécessairement conclus par une personne publique[30], possèdent une dimension globale et reposent sur le principe de la rémunération du

---

[27] Sur ces directives, voir notamment : DUBOS (O)., *La révision du droit communautaire des marchés publics*, JCP A 2004, n°1576 ; PIGNON (S.), *Les nouvelles directives CE portant coordination des procédures de passation des marchés publics*, AJDA 2004, p. 1411 ; TESSIER (A.), *La refonte des directives CE sur la coordination des procédures de passation des marchés publics*, BJCP 2003, n°27, p. 90 ; *L'adoption des directives CE sur les marchés publics*, BJCP 2004, n°34, p. 193 ; *Les nouvelles directives CE sur les procédures de passation des marchés publics : quelles innovations ?* ; DA 2004, chronique n°13 ; ZIMMER (W.), *La directive 2004/18/CE du Parlement européen et du Conseil du 31 mars 2004 relative à la coordination des procédures de passation des marchés publics de travaux, de fournitures et de services : premières réflexions*, CMP 2004, chronique n°5.

[28] Par exemple : CJCE, 12 juillet 2001, Ordre des architectes de la Province de Milan, aff. C-399/98, Rec. I-5409 ; BJCP 2001n n°19, p. 475, conclusions Philippe Léger ; CMP 2001, comm. n°154, François Llorens ; D. 2001, IR, p. 2873.

[29] En ce sens : DELVOLVE (P.), *Le Partenariat public-privé et les principes de la commande publique*, RDI 2003, p. 488 ; LICHERE (F.), *Les contrats de partenariat-Fausse nouveauté ou vraie libéralisation dans la commande publique ?*, RDP 2004, p. 1558-1561, etc.

[30] La loi du 6 juin 2003 avait envisagé la possibilité de conclure des PPP entre deux personnes privées dont l'une d'entre elles serait chargée de la gestion d'une mission de service public. Les premiers projets d'ordonnances avaient prévu cette solution mais celle-ci n'a pas été retenue par le texte du 17 juin 2004. À vrai dire, on ne voit pas quel pouvait être l'intérêt de permettre à une personne privée chargée de la gestion d'une mission de service public de s'engager avec une autre personne privée dans une opération de PPP dès lors que son statut de personne privée la dispensait de respecter les règles, jugées contraignantes, de la domanialité publique, de la commande publique et de la maîtrise d'ouvrage publique. On peut même ajouter qu'une telle solution aurait introduit une dose de complexité supplémentaire dans le processus de qualification des contrats de partenariat puisque ceux-ci auraient tantôt été qualifiés de contrats privés tantôt de contrats administratifs (à moins de faire des contrats de partenariat conclus entre deux personnes privées des contrats administratifs par détermination de la loi).

cocontractant « par le biais d'un paiement par la personne publique pendant toute la durée du contrat » (article 1 alinéa 3 de l'ordonnance). Même si l'ordonnance n'emploie pas le terme « prix », il ne fait aucun doute que c'est un véritable prix que la personne publique sera amenée à verser à son cocontractant[31]. Saisi d'un recours pour excès de pouvoir dirigé contre l'ordonnance du 17 juin 2004, le Conseil d'État a confirmé cette analyse dans son arrêt M. Sueur et autres du 29 octobre 2004[32] en indiquant de façon tout à fait explicite que « sous réserve que les personnes publiques procédant à leur passation puissent être regardées comme des pouvoirs adjudicateurs au sens du §9 de l'article 1er de la même directive et qu'ils rentrent, par leur montant et par leur objet, dans les prévisions du chapitre II du titre II de celle-ci, les contrats de partenariat, qui ont vocation à être passés avec un ou plusieurs opérateurs économiques et en vertu desquels la rémunération du cocontractant fait l'objet d'un paiement par la personne publique, constituent des marchés publics au sens de cette directive ».

13. De cette solution, il résulte la conséquence suivante qui est aussi importante que paradoxale : les contrats de partenariat ne sont pas des marchés publics au sens du droit interne mais sont des marchés publics au sens du droit communautaire. Les futurs signataires de tels contrats devront donc faire preuve d'une prudence de sioux au moment de lancer une procédure de partenariat car ils ne pourront pas s'affranchir du respect du droit communautaire des marchés publics[33].

2 – PARTENARIAT PUBLIC-PRIVÉ ET CONCESSION

14. La directive 2004/18/CE, reprenant les termes des directives 89/440/CEE et 93/37/CEE, définit la concession de travaux et la concession de service comme « le contrat présentant les mêmes caractères que les marchés publics de travaux ou de services à l'exception du fait que la contrepartie des travaux ou de la prestation de services consiste soit uniquement dans le droit d'exploiter l'ouvrage ou le service, soit dans ce droit assorti d'un prix ». Cette définition en creux n'est certainement pas satisfaisante car la concession ne se distingue en rien du marché public tant du point de vue organique que du point de vue matériel. Le critère distinctif entre le marché public et la concession est seulement d'ordre financier : le

---

[31] Les directives communautaires sont indifférentes au fait que le paiement du prix soit étalé pendant toute la durée du contrat.

[32] CE, 29 octobre 2004, M. Sueur et autres, RFDA 2004, p. 1103, conclusions Didier Casas ; AJDA 2004, p. 2383, chronique Claire Landais et Frédéric Lénica ; CMP décembre 2004, n°249, note Gabriel Eckert ; Europe décembre 2004, n°391, note Paul Cassia ; DA 2005, n°3, 4 et 5, observations Alain Ménéménis.

[33] Voir *infra* n°29-31. Il faut tout de même relativiser cette différence car l'ordonnance du 17 juin 2004 organise une procédure de passation qui est, comme l'a jugé le Conseil d'État, respectueuse des directives communautaires.

concessionnaire doit tirer sa rémunération, non d'un prix garanti versé par la personne publique, mais de l'exploitation de l'ouvrage ou du service, en percevant par exemple des redevances sur les usagers de l'ouvrage ou du service. Derrière ce critère du droit d'exploitation se cache un critère économique : le concessionnaire assume la responsabilité de la gestion de l'ouvrage ou du service, le risque d'exploitation et pour ainsi dire les conséquences qui pourraient résulter d'une fréquentation insuffisante de l'ouvrage ou du service.

15. Le Conseil d'État a écarté la qualification de concession et retenu celle de marché public au motif que les contrats de partenariat reposaient sur le principe d'une rémunération versée par la personne publique pendant toute la durée du contrat. Et il n'est pas sérieusement contestable que cette solution s'appliquera dans la grande majorité des cas[34]. Toutefois, il ne faut certainement pas prendre cette qualification pour argent comptant car l'ordonnance du 17 juin 2004 a laissé une marge de manœuvre non négligeable aux parties en matière de détermination des modalités de rémunération du partenaire. Celle-ci pourrait leur permettre, le cas échéant, de conclure un contrat de partenariat répondant aux critères communautaires de la concession. Son article 1er (et l'article L. 1414-1 du CGCT) précise que la rémunération du cocontractant de l'administration peut être liée à des objectifs de performance au nombre desquels figurent selon l'article 11 c) de l'ordonnance (et l'article L. 1414-12 c) du CGCT), « la qualité des prestations de services, la qualité des ouvrages et équipements, les conditions dans lesquelles ils sont mis à la disposition de la personne publique, et, le cas échéant, leur niveau de fréquentation ». Son article 11 d) (ainsi que l'article L. 1414-12 d) du CGCT) autorise le titulaire du contrat de partenariat à se procurer des recettes en exploitant les ouvrages ou équipements pour répondre à d'autres besoins que ceux de la personne publique contractante. Nul doute que ces dispositions offrent aux parties contractantes la possibilité de moduler la rémunération du partenaire privé en fonction d'indices directement liés à la gestion des ouvrages et équipements construits. Et de fait « le contrat de partenariat pourrait[...] répondre à la définition de la concession[...]si le prix versé par l'administration était calculé en fonction des résultats de l'exploitation de l'ouvrage, voire - en l'absence de financement par l'usager - s'il dépendait du taux de fréquentation constaté »[35]. La même solution pourrait s'imposer s'il apparaissait que la part représentée par les ressources provenant de l'exploitation des ouvrages ou équipements en cas de sous-utilisation par la personne publique présenterait un caractère « suffisamment substantiel pour

[34] Didier Casas, conclusions précitées, RFDA 2004, p. 1110 : « tout dépendra de l'équilibre retenu par les clauses de chaque contrat mais il n'est guère douteux à nos yeux que les contrats de partenariat seront, dans la très grande majorité des cas, des marchés publics au sens de la directive 2004/18/CE ».

[35] LLORENS (F.), *Les contrats de partenariat*, RJEP 2004, p. 532.

que le risque d'exploitation pèse sur le titulaire du contrat »[36]. Une fois de plus, les contractants devront donc faire preuve de prudence et rechercher, au moment de rédiger leur convention, si la modulation est suffisamment importante pour caractériser un transfert du risque d'exploitation. Et en cas de réponse positive, il leur faudra alors intégrer l'idée que leur contrat de partenariat relève de la notion de concession en droit communautaire.

16. Au final, et en conclusion de cette analyse de la notion communautaire de partenariat public-privé, on est amené à dresser le double constat suivant.

La notion communautaire de PPP englobe des contrats qui sont explicitement qualifiés comme tels en droit interne : les contrats de partenariat. Mais elle englobe aussi des contrats qui ne relèvent pas de cette qualification en droit interne alors qu'ils s'inscrivent dans une logique partenariale (concessions de travaux et de services publics, marchés d'entreprise de travaux publics, certains contrats domaniaux, contrats sectoriels). De ce point de vue, la conception communautaire est plus cohérente que la conception française qui confond, comme nous l'avons souligné[37], le genre et l'espèce.

À ce premier constat s'en ajoute un second tout aussi déroutant : les contrats qui sont explicitement qualifiés en droit français de contrats de partenariat sont soumis à un régime spécifique fixé par l'ordonnance du 17 juin 2004. Mais ces contrats sont soumis, au niveau communautaire, soit au droit des marchés publics, soit au droit des concessions. De ce point de vue, la solution française est plus cohérente que la solution communautaire car elle identifie une notion pour lui adjoindre un régime spécifique alors que la Commission identifie une notion sans la soumettre à un régime juridique spécifique. C'est déjà aborder la deuxième partie de cette intervention et la question du régime juridique communautaire des partenariats public-privé.

II – LE RÉGIME JURIDIQUE COMMUNAUTAIRE DES PARTENARIATS PUBLIC-PRIVÉ

17. Les règles juridiques fixées par les autorités communautaires n'ont pas vocation à limiter la liberté des États membres et de ses démembrements quant à la décision d'externaliser ou non la gestion d'un service ou d'un équipement public[38]. Ce choix relève de la seule compétence des autorités publiques. Mais une fois la décision prise, la neutralité du droit communautaire s'efface au profit d'un corps de règles qui va encadrer la

---

[36] LLORENS (F.), *Les contrats de partenariat*, RJEP 2004, p. 532.
[37] Voir *supra* n°3.
[38] Sur ce thème, DREYFUS (J.-D.), *L'externalisation, éléments de droit public*, AJDA 2002, p. 1214.

formation mais également l'exécution des contrats de partenariat. Celles-ci peuvent être ventilées en un régime général (A) et en un régime spécial (B).

A – Le régime général

18. Le régime général est constitué des règles juridiques qui s'appliquent aux opérations de partenariat public-privé indifféremment de leur qualification de marché public ou de concession au regard du droit communautaire. Ces principes peuvent découler du Traité CE (1.) ou de décisions émanant d'institutions spécialisées (2.).

1 – Les principes généraux découlant du Traité CE

19. Le Traité instituant la Communauté Européenne ne comporte pas de dispositions concernant spécifiquement les partenariats public-privé. Il n'en demeure pas moins que ces derniers, qu'ils soient qualifiés de marchés publics ou de concessions au sens communautaire, sont régis par des principes généraux découlant des articles 43 et 49 du Traité CE, notamment les principes de transparence, d'égalité de traitement, de proportionnalité et de reconnaissance mutuelle[39]. Selon la jurisprudence constante de la Cour de justice, **le principe général d'égalité de traitement** prohibe non seulement les discriminations ostensibles fondées sur la nationalité mais également toutes formes dissimulées de discriminations qui, par application d'autres critères de distinction, aboutissent en fait au même résultat[40].

20. Le principe de transparence est lié avec le principe d'égalité de traitement dont il vise à assurer le respect en garantissant des conditions de concurrence non faussée[41]. Dans l'arrêt *Telaustria* du 7 décembre 2000, la Cour de justice a indiqué que « l'obligation de transparence, qui incombe au pouvoir adjudicateur, consiste à garantir en faveur de tout soumissionnaire potentiel, un degré de publicité adéquat permettant une ouverture du marché des services à la concurrence ainsi que le contrôle de l'impartialité des procédures d'adjudication »[42]. La transparence peut être assurée par tout

---

[39] CJCE, 7 décembre 2000, Telaustria ; aff. C-324/98 ; Rec. I-10745 ; BJCP 2001, n°15, p. 132, conclusions Nial Fenelly et observations C.M. ; AJDA 2001, p. 106, note Laurent Richer. Dans le même sens : CJCE, 3 décembre 2001, Bent Mousten Vezstergaard ; Aff. C-59/2000 ; BJCP 2002, p. 345.

[40] CJCE, 13 juillet 1993, Commerzbank ; affaire C-330/91.

[41] CJCE, 18 novembre 1999, Unitron Sandinavia ; affaire C-275/98 (§31) ; Rec. 1999, p. I-8291.

[42] CJCE, 7 décembre 2000, Telaustria, précité.

moyen, y compris la publicité[43], en fonction des spécificités des secteurs concernés. L'essentiel étant que la volonté du pouvoir adjudicateur de conclure un contrat de partenariat soit connue d'un certain nombre de soumissionnaires potentiels, que ces derniers n'aient pas tous la nationalité du pouvoir adjudicateur, que les règles applicables à la sélection du partenaire privé soient clairement établies et qu'elles soient portées à la connaissance des entreprises intéressées.

21. Véritable principe général du droit communautaire, **le principe de proportionnalité** exige que toute décision prise à l'échelle des États membres soit à la fois nécessaire et appropriée au regard du but recherché. Appliqué aux partenariats public-privé, ce principe laisse aux pouvoirs adjudicateurs la faculté de définir l'objectif à atteindre. Mais il leur impose de ne pas édicter des mesures qui dépasseraient cet objectif en exigeant par exemple, lors de la sélection des candidats, des capacités techniques, professionnelles ou financières totalement disproportionnées par rapport à l'objet du partenariat public-privé. Dans le même ordre d'idées, le principe de proportionnalité impose de trouver un juste équilibre entre le nécessaire respect de la concurrence et l'équilibre financier du contrat : la durée du partenariat public-privé doit être fixée de manière à ne pas restreindre ou limiter la concurrence au-delà de ce qui est nécessaire pour assurer l'amortissement des investissements et une rémunération raisonnable des capitaux investis.

22. Le principe de la reconnaissance mutuelle impose au pouvoir adjudicateur d'un État membre d'accepter les produits et les services fournis par des opérateurs économiques d'autres pays de la Communauté dès lors qu'il est avéré que ces produits et services répondent de manière équivalente aux objectifs légitimes poursuivis par le pouvoir adjudicateur. De la même façon, un État membre souhaitant conclure un contrat de partenariat est obligé d'accepter les spécifications techniques, les contrôles ainsi que les titres, certificats et qualifications requis dans un autre État membre mais reconnus équivalents à ceux qu'il exige sur son propre territoire.

2 – LE RÉGIME FINANCIER DES CONTRATS DE PARTENARIAT

23. Il ne saurait être question pour les États membres et pour leurs démembrements de violer les règles relatives à l'interdiction des aides d'État dans le cadre d'une procédure de passation d'un partenariat public-privé. Mais

[43] L'avocat général Nial Fenelly indiquait ainsi dans ses conclusions prononcées sur l'arrêt Telaustria (BJCP 2001, n°15, p. 132) que « la publicité ne doit pas nécessairement être assimilée à la publication. Ainsi, si l'entité adjudicatrice s'adresse directement à un certain nombre de soumissionnaires potentiels et à supposer que ceux-ci ne soient pas tous ou presque tous des entreprises ayant la même nationalité que l'entité adjudicatrice, nous estimons que l'exigence de transparence serait respectée ».

il est une question plus importante encore, celle du traitement comptable des PPP. En effet, si les promoteurs du PPP ont présenté ce nouveau contrat comme la solution miracle[44] pour faire face aux lacunes et aux rigidités du droit français des contrats publics, ils ont bien souvent oublié de souligner que le partenariat public-privé permettait également de débudgétiser le déficit public. En chargeant le secteur privé de financer à sa place la construction d'équipements publics moyennant le versement d'un prix pendant toute la durée du contrat, l'État a trouvé un moyen utile lui permettant de dissimuler l'endettement indirect qu'induit le PPP et d'échapper par la même aux critères de convergence fixés par le Traité de Maastricht. Pour éviter toute dérive, et notamment pour tempérer les risques d'augmentation des déficits publics, l'Office statistique des Communautés européennes (Eurostat) a adopté, le 11 février 2004, une décision relative au traitement comptable des partenariats public-privé[45]. Cette dernière recommande que les actifs liés à un PPP soient classés comme actifs publics et soient donc enregistrés dans le bilan des administrations publiques lorsqu'il apparaît qu'elles supportent le risque de construction et le risque de la disponibilité ou de la demande.

24. Le risque de construction couvre des événements tels que la livraison tardive, le non-respect de normes spécifiées, les surcoûts, la déficience technique, etc. Selon la décision du 11 février 2004, l'État est censé supporter la majorité des risques de construction lorsqu'il effectue des paiements réguliers à son partenaire sans tenir compte de l'état effectif des actifs.

25. Le risque de disponibilité couvre des événements tels que l'incapacité du partenaire à livrer le volume contractuellement convenu ou le non-respect de certaines normes de sécurité, de qualité ou de certification liées à la

---

[44] Les qualificatifs employés par la doctrine sont aussi nombreux que grandiloquents : le contrat de partenariat est présenté comme une « nouvelle boite à outils » (LAGUMINA (S.) et DERUY (L.), *L'ordonnance relative aux contrats de partenariat : dépasser la polémique*, BJCP 2004, p. 349), «la pierre philosophale » (MENEMENIS (A.), *L'ordonnance sur les contrats de partenariat : heureuse innovation ou occasion manquée ?*, AJDA 2004, p. 1738), « un instrument de la réforme de l'État » (LIGNIERES (P.), *Le régime juridique des nouveaux contrats de partenariats public-privé*, Les annales de la Voirie 2004, n°83, p. 26), « un outil de développement économique » (LINOTTE (D.), *Un cadre juridique désormais sécurisé pour les contrats de partenariat*, AJDA 2005, p. 19), « une technique juridique adaptée aux réalités économiques » (BLOCH (K.), *Le contrat de partenariat : de l'aboutissement aux prémices*, CJFI 2004, n°28, p. 1) ou encore comme « une troisième voie permettant d'extirper la commande publique de l'alternative étriquée entre les marchés publics et les délégations de service public » (BRACONNIER (S.), *L'apparition des contrats de partenariat dans le champ de la commande publique*, JCP G 2004, n°48, p. 2134).

[45] Décision Eurostat du 11 février 2004 sur le traitement comptable dans les comptes nationaux des comptes souscrits par les entreprises publiques avec des entreprises privées. Voir : LIGNIERES (P.), *L'influence de la dette publique et des normes Eurostat sur les contrats publics*, DA 2004, Pratiques n°5.

prestation de services aux usagers de l'équipement public. Eurostat considère que l'État est réputé supporter un tel risque lorsqu'il n'a pas la possibilité de pénaliser son partenaire « en réduisant de façon significative ses paiements périodiques comme tout « client normal » pourrait l'exiger dans un contrat commercial ». Pour l'Office statistique des Communautés européennes, la défaillance du cocontractant doit pouvoir déboucher sur une sanction pécuniaire automatique et suffisamment importante pour ne pas apparaître comme une mesure purement symbolique. Ce n'est que dans ce cadre que l'État sera considéré comme ne supportant pas le risque de disponibilité.

26. Le risque lié à la demande couvre la variabilité de la demande, plus élevée ou plus faible par rapport à celle qui avait été escomptée lors de la signature du contrat, à condition que celle-ci ne soit pas imputable au comportement du partenaire de l'État. En cela il se distingue nettement du risque d'exploitation et couvre au final les variations liées à l'apparition de nouvelles tendances sur le marché, d'un nouveau cycle économique, de nouvelles technologies ou plus globalement de nouvelles formes de concurrence. En vertu de la décision du 11 février 2004, l'État doit être considéré comme assurant ce risque lorsqu'il est obligé de verser un prix garanti au partenaire, c'est-à-dire une somme dont le montant est indépendant du niveau de la demande exprimée par l'utilisateur final de l'équipement.

27. Il n'est pas toujours facile de déterminer qui de l'État ou de son partenaire supporte le poids des trois catégories de risques précitées. Pour cette raison, Eurostat a dégagé des indices complémentaires permettant, en cas d'hésitation, de classer les actifs liés au PPP au bilan de l'État ou au bilan de son cocontractant. L'Office suggère ainsi de prendre en compte la nature du partenaire, la qualité d'entreprise publique de ce dernier étant un élément à mettre au compte de la prise en charge des risques par l'État, l'importance du financement public, l'effet des garanties publiques ou les provisions relatives à l'attribution finale des actifs.

B – LE RÉGIME SPÉCIAL

28. « Le droit communautaire ne prévoit pas de régime spécifique englobant le phénomène des PPP »[46]. Cette formule introductive du Livre vert de la Commission européenne reflète parfaitement l'état du droit positif qui appréhende les partenariats public-privé au travers des principes généraux que l'on vient d'évoquer mais se refuse, pour le moment encore, à les doter d'un corps de règles spéciales qui en feraient une troisième catégorie de contrats à part entière à côté des marchés publics et des concessions (1). Toutefois, les pistes ouvertes par le Livre vert et les réactions qu'il a suscitées pourraient à

---

[46] Livre vert de la Commission sur les partenariats public-privé et le droit communautaire des marchés publics et des concessions ; §1.2.8.

terme déboucher sur l'adoption d'un régime juridique propre aux partenariats public-privé (2).

1 – LE PRÉSENT

29. Les règles applicables aux contrats de partenariat qualifiés de marchés publics communautaires sont celles qui découlent des directives 2004/17/CE et 2004/18/CE du 31 mars 2004 à condition bien sûr qu'ils atteignent les seuils qu'elles fixent (hors TVA, seuil de 162 000 euros pour les marchés publics de fournitures, seuil de 6 424 000 euros pour les marchés publics de travaux).

30. L'article 28 de la Directive 2004/18/CE fait obligation aux pouvoirs adjudicateurs de passer leurs marchés publics en recourant à la procédure ouverte ou à la procédure restreinte et les articles 30 et 31 les autorisent, à titre d'exception, à recourir à une procédure négociée, avec ou sans publication d'un avis de marché. Mais la procédure normale de passation des PPP est certainement celle du dialogue compétitif[47] institué par l'article 29 de la Directive 2004/18/CE. Ce dernier dispose que « lorsqu'un marché est particulièrement complexe, les États membres peuvent prévoir que le pouvoir adjudicateur, dans la mesure où il estime que le recours à la procédure ouverte ou restreinte ne permettra pas d'attribuer le marché, puisse recourir au dialogue compétitif[…] » et attribuer le marché sur la base du critère tiré de l'offre économiquement la plus avantageuse. Les contrats de partenariat sont des contrats complexes par nature[48] et ont donc vocation à être conclus sur la base d'une telle procédure qui présente la particularité de rompre avec l'appel d'offres, lequel repose sur le principe de l'absence de discussion entre les candidats et l'administration. L'article 29 de la Directive 2004/18/CE définit par le menu les étapes du dialogue compétitif. Obligation est faite, tout d'abord, au pouvoir adjudicateur de publier un avis de marché précisant ses besoins et ses exigences. S'ouvre alors un dialogue entre les candidats sélectionnés (conformément aux dispositions des articles 44 à 52) et le pouvoir adjudicateur dont l'objet est d'identifier et de définir les moyens propres à satisfaire au mieux ses besoins. Il lui est interdit, conformément au principe d'égalité de traitement, de délivrer des informations à certains

---

[47] Sur cette procédure, voir : DELELIS (P.), *Le dialogue compétitif*, CMP février 2004, p. 46 ; PEYRICAL (J.-M), *Procédure de dialogue compétitif : brève comparaison droit interne/communautaire*, CMP mai 2004, p. 64 ; PIGNON (S.), *Le dialogue compétitif : une opportunité pour les acteurs de la commande publique*, AJDA 2004, p. 1521.

[48] L'ordonnance du 17 juin 2004 a repris la réserve d'interprétation formulée par le Conseil constitutionnel dans sa décision du 26 juin 2003. Elle subordonne la validité du contrat de partenariat à la double condition que le projet soit complexe ou urgent et que sa réalisation soit avantageuse par rapport à d'autres modes de réalisation (régie, autres techniques contractuelles).

soumissionnaires qui seraient de nature à les avantager par rapport aux autres candidats. De même, interdiction lui est faite de révéler aux autres candidats les solutions proposées par un participant au dialogue sans son accord. Le dialogue se poursuit jusqu'à ce que le pouvoir adjudicateur soit en mesure d'identifier la ou les solutions qui sont susceptibles de répondre à ses besoins. Après avoir déclaré la conclusion du dialogue et après en avoir informé les participants, le pouvoir adjudicateur les invite à remettre leur offre finale sur la base de la ou des solutions présentées et spécifiées au cours du dialogue. Le pouvoir adjudicateur est autorisé à demander aux candidats de clarifier, de préciser, voire de perfectionner leurs offres, ces compléments ne devant pas avoir pour effet de modifier les éléments fondamentaux de l'offre. S'ouvre alors la phase d'évaluation des offres reçues en fonction des critères d'attribution fixées dans l'avis de marché. Celle-ci débouche sur le choix de l'offre économiquement la plus avantageuse. Après cette dernière phase, le pouvoir adjudicateur peut demander au « vainqueur » de clarifier certains aspects de son offre ou de confirmer ses engagements (de continuer le dialogue après le dialogue en quelque sorte). Mais une fois encore cette demande ne doit pas avoir pour effet de modifier les éléments substantiels de l'offre, de fausser la concurrence ou d'entraîner des discriminations.

31. Saisi par 61 sénateurs, par l'Union nationale des syndicats français d'architectes, par l'Association pour la transparence et la moralité des marchés publics, par la Fédération nationale des élus socialistes et républicains et par le Syndicat national des entreprises du second œuvre du bâtiment, de la question de la « légalité » de l'ordonnance du 17 juin 2004, le Conseil d'État a apporté d'utiles précisions quant à la question du respect par cette dernière des exigences communautaires. Les requérants avaient soulevé deux moyens intéressant spécifiquement le droit communautaire. Le premier consistait à soutenir qu'en prescrivant le recours à la procédure du dialogue compétitif, l'ordonnance aurait méconnu le champ d'application de l'article 29 de la directive 2004/18/CE du 31 mars 2004 et institué une procédure incompatible avec les objectifs des directives 92/50/CEE, 93/36/CEE et 93/37/CEE. À la première branche du moyen (méconnaissance du champ d'application de la nouvelle directive), le Conseil d'État a répondu que la nouvelle directive était entrée en vigueur le jour de sa publication au Journal officiel de l'Union européenne, soit le 30 avril 2004, et que son délai de transposition expirait le 31 janvier 2006. En conséquence, s'il était interdit aux autorités nationales compétentes d'édicter des dispositions de nature à compromettre sérieusement la réalisation du résultat par la directive[49], rien ne les empêchaient de transposer cette directive dès le 17 juin 2004. La seconde branche du moyen reposait sur l'idée que l'ordonnance du 17 juin 2004 ne pouvait pas instituer une procédure de dialogue compétitif car celle-ci n'était

[49] CE, 10 janvier 2001, France nature Environnement ; CJEG 2001, p. 210, conclusions Christine Maugué.

pas prévue par les directives sectorielles de 1992 et 1993. Il est vrai que lesdites directives sont encore en vigueur puisque leur abrogation n'interviendra que le 31 janvier 2006, soit à l'expiration du délai de transposition de la directive 2004/18/CE. Et il est vrai également que lesdites directives ne prévoyaient pas une telle procédure. Mais pouvait-on sérieusement reprocher aux autorités françaises d'avoir transposé, rapidement pour une fois, les objectifs de la nouvelle directive ? Non comme l'a jugé le Conseil d'État. Si les anciennes directives demeurent effectivement en vigueur jusqu'au 31 janvier 2006, elles sont « en sursis » et les États membres peuvent donc, avant leur abrogation, prendre les mesures de nature à transposer en droit interne les objectifs fixés par le nouveau texte[50]. Le deuxième moyen était relatif aux modalités de mise en œuvre du dialogue compétitif. L'article 7 de l'ordonnance du 17 juin 2004 (et l'article L. 1414-7 du CGCT) dispose que la personne publique peut, après la clôture du dialogue avec les candidats, préciser les critères d'attribution du contrat définis dans l'avis d'appel public à la concurrence ou le règlement de la consultation tout en s'efforçant de maintenir jusqu'à ce stade une concurrence réelle. Les requérants soutenaient que l'ordonnance ne respectait pas sur ce point l'article 29.7 de la directive 2004/18/CE qui écarte toute possibilité de modification ou de précision ultérieure des critères de sélection. « La stabilité des critères de sélection des offres étant tout à fait indispensable à l'égalité de traitement des candidats, à la transparence des procédures et, finalement, au respect du principe de concurrence »[51], le Conseil d'État n'a pu admettre la compatibilité des dispositions de l'ordonnance avec la directive qu'au prix d'un réel effort d'interprétation. Suivant en cela son commissaire du gouvernement, il a estimé que le pouvoir adjudicateur pouvait préciser, compte tenu de la ou des solutions présentées et spécifiées au cours du dialogue, les conditions dans lesquelles il entendait faire application des critères d'attribution définis dans l'avis de marché[52], « pourvu qu'il ne modifie ni les critères ainsi définis, ni leur pondération, et qu'il porte ces précisions à la connaissance des candidats de manière transparente et non discriminatoire ».

---

[50] Comme le relève Paul Cassia (note sous CE, 29 octobre 2004, M. Sueur et autres, Europe 2004, n°391), « dans la période au cours de laquelle deux directives ayant un même champ d'application sont cumulativement en vigueur, un État membre peut prendre soit des mesures compatibles avec l'ancienne directive à condition qu'elles ne compromettent pas sérieusement la réalisation du résultat prescrit par la nouvelle, soit des mesures incompatibles avec l'ancienne directive mais qui visent à mettre en œuvre les objectifs de la nouvelle ».

[51] CASAS (D.), conclusions précitées, RFDA 2004, p. 1111.

[52] Solution que l'on doit sans doute approuver car « si le pouvoir adjudicateur estime nécessaire de recourir au dialogue compétitif, c'est qu'il ne peut définir précisément les solutions de nature à assurer la satisfaction de ses besoins, de sorte que les critères annoncés en début de procédure, très généraux, doivent être affinés en fonction de données qui ne pouvaient être connues en début de procédure » (CASSIA (P.), note précitée, Europe 2004, n°391).

32. Les partenariats public-privé qualifiés de concession de service au sens du droit communautaire ne relèvent d'aucune directive sectorielle. À l'inverse, ceux qui sont qualifiés de concessions de travaux sont soumis aux règles fixées par la directive 2004/18/CE du 31 mars 2004 (article 56 à 59). Ainsi, lorsque leur valeur égale ou dépasse 6, 242000 euros, elles ne peuvent être conclues qu'après publication d'un avis au JOCE. La date d'envoi de cet avis ouvre alors un délai minimum de 52 jours au cours duquel les entreprises intéressées pourront présenter leur candidature.

2 – L'AVENIR : L'ADOPTION D'UN RÉGIME JURIDIQUE SPÉCIFIQUE ?

33. L'absence d'un cadre juridique communautaire spécifique aux partenariats public-privé est déplorée par une partie des représentants des milieux intéressés qui considèrent que les règles applicables sont insuffisamment claires et manquent d'homogénéité entre les différents États membres. Cette situation freinerait la conclusion de nouveaux PPP alors que les besoins en infrastructures sont de plus en plus importants. C'est ce constat qui a incité le Parlement européen[53] à saisir la Commission européenne afin qu'elle examine la possibilité d'adopter une proposition de directive visant à réglementer les différentes formes de PPP. Le livre vert du 30 avril 2004 ayant pour objet de stimuler la réflexion et de lancer une véritable consultation, on ne sera pas surpris de constater que les commissaires européens ont davantage cherché à interroger les acteurs économiques et les États membres qu'à dégager des solutions fermes et définitives. Après avoir indiqué qu'aucune option prédéterminée d'intervention communautaire n'avait été décidée (instruments législatifs, communications interprétatives, actions visant à une meilleure coordination des pratiques nationales ou échange de bonnes pratiques entre les États membres), la Commission a centré son étude sur une éventuelle action législative qui pourrait avoir pour objet de coordonner les procédures de passation des seules concessions ou de l'ensemble des PPP contractuels (concessions, PFI...).

34. À la suite de la publication du Livre vert, plusieurs groupements et acteurs économiques[54] se sont manifestés pour inciter les autorités communautaires à ne pas légiférer spécifiquement sur les partenariats public-

---

[53] Avis du Parlement européen en première lecture sur la proposition de la Commission COM (2000) 275 du 10 mai 2002. Le Comité économique et social a également estimé qu'une initiative législative devenait nécessaire : Avis, CES, JO C du 16 janvier 2001, rapporteur M. Levaux, point 4.1.3 et Avis, CES, JO C 193 du 10 juillet 2001, rapporteur M. Bo Green, point 3.5.

[54] L'Union des confédérations de l'industrie et des employeurs d'Europe (UNICE), l'Initiative pour services d'utilité publique en Europe (ISUPE), le Centre européen des entreprises à participation publique (CEEP), l'Association des maires de France (AMF), la Fédération des Sociétés d'économie mixte, l'Association des maires des grandes villes (AMGV), Electricité de France, Bouygues Construction, etc.

privé. Une intervention communautaire n'apporterait pas, selon eux, de valeur ajoutée et nuirait à la flexibilité indispensable aux PPP en même temps qu'elle apporterait une confusion supplémentaire dans la transposition des nouvelles directives relatives aux marchés publics. D'une manière générale, ils préconisent plutôt d'assurer un meilleur respect des règles existantes. D'autres estiment qu'une intervention est souhaitable mais qu'elle ne doit pas se traduire par l'adoption d'une directive, considérée comme un outil trop rigide susceptible de nuire au développement des PPP. Aussi préconisent-ils l'adoption d'une simple communication interprétative[55]. Enfin, un dernier groupe d'intervenants se déclare favorable à l'adoption d'une directive applicable à l'ensemble des PPP[56]. Tel est le sens de la proposition faite par l'Institut de la Gestion Déléguée dans sa réponse au Livre Vert[57] : le développement du marché intérieur nécessite l'adoption d'une législation adaptée se démarquant nettement du droit des marchés publics de nature à garantir sur le territoire de l'Union, « la sécurité juridique, la reconnaissance mutuelle et [...] les conditions économiques de développement des investissements ».

35. Il appartiendra à la Commission de tirer les conclusions de ces prises de position divergentes. Mais il est d'ores et déjà deux points qui doivent retenir l'attention. Si les organismes ayant répondu au Livre vert sont, en France au moins, équitablement partagés quant à la question de savoir s'il faut adopter une directive spécifique aux PPP, ils soulignent dans leur grande majorité que la procédure du dialogue compétitif, consacrée par les directives marchés publics 2004/17/CE et 2004/18/CE du 31 mars 2004, ne doit pas être érigée en modèle et consacrée comme la seule technique de passation des PPP. Il semble que la véritable raison de ce rejet réside dans la volonté de ne pas se voir imposer le dialogue compétitif comme mode de passation des PPP spéciaux que sont les concessions. Les États membres et les acteurs économiques sont attachés au principe du libre choix du concessionnaire et n'entendent pas se voir imposer une procédure qui, tout en introduisant une dose substantielle de négociation, ne consacre pas le libre choix[58]. Le deuxième point qui mérite attention a trait à la notion même de PPP. On a déjà souligné que la conception communautaire était plus cohérente que la conception française en ce qu'elle distingue bien le genre (le PPP) et l'espèce (la concession, le contrat de partenariat...). Mais elle est en retrait par rapport à la position française car elle identifie une notion sans la doter d'un régime

---

[55] Telle est la position défendue, en France, par la Chambre de commerce et d'industrie de Paris, par la Fédération française du bâtiment et par la Fédération nationale des travaux publics.

[56] C'est la position défendue par Suez, Bouygues (Direction générale), etc.

[57] Réponse de l'Institut de la Gestion Déléguée à la consultation ouverte par la Commission européenne dans le Livre vert sur les PPP, www.fondation-igd.org.

[58] PEYRICAL (J.-M.), *Régime de passation des contrats publics : le droit des délégations comme modèle ?*, AJDA 2004, p. 2136.

spécifique puisqu'elle est soumise soit au droit des marchés, soit au droit des concessions. Assurément, l'architecture globale des contrats publics en droit communautaire serait plus harmonieuse et plus sécurisante pour les États et leurs partenaires si les PPP étaient dotés d'un régime propre qui permettrait d'en faire une véritable troisième catégorie de contrat public.

L'INTÉGRATION FINANCIÈRE : L'EXEMPLE DES FONDS STRUCTURELS

Etienne DOUAT
Agrégé de Droit Public
Professeur à l'Université de Montpellier 1
Institut de droit européen des droits de l'homme
(CNRS-UMR n°5815)

On croit souvent que les fonds structurels datent seulement de 1988. En réalité, il s'agit d'un poste de dépenses qui a toujours existé mais dont l'essor s'est fait ressentir plus nettement depuis l'Acte unique européen. En effet, lors de la création de la CECA par le traité de Paris (1951), des crédits de conversion ont été mis en place afin de financer un nouvel aménagement du territoire européen. Très rapidement, ces fonds ont été complétés par des transferts de la Banque européenne d'investissement en direction des régions les moins développées sur un plan économique. Puis le traité de Rome instituant le marché commun (1957) a prévu les deux premiers fonds structurels, le fonds européen d'orientation et de garantie agricole servant à financer la politique agricole commune[1], et le fonds social européen dont l'article 199 prévoyait qu'il devait obligatoirement être intégré dans le budget. Avec ces quatre instruments financiers, l'Europe jetait les bases de ce qui allait devenir les fonds structurels européens. L'entrée du Royaume-Uni dans le marché commun devait modifier la donne en faisant passer l'Europe

[1] Règlement d'avril 1962 instituant le FEOGA qui fut ensuite scindé en 1964 en deux sections : la section garantie finançant les mesures de garantie des prix agricoles européens (restitutions à l'exportation et interventions sur les marchés agricoles) et la section orientation finançant des aides européennes complétant des aides des États visant à moderniser les exploitations agricoles et mettre en œuvre la restructuration des propriétés agricoles.

communautaire de 6 à 9 États-membres et surtout en modifiant les dépenses budgétaires. En effet, le Royaume-Uni, opposé traditionnellement à la PAC, s'était heurté au refus de la France de la renégocier ce qui obligeait les États membres à créer de nouvelles dépenses destinées à aider les nouveaux États membres. C'est dans ces conditions que fut institué le troisième fonds structurel en 1975 : le fonds européen de développement régional qui est actuellement le plus important. Mais ces crédits n'ont représenté que des montants minimes en comparaison avec les dépenses de garantie agricole. Malgré tout, le Royaume-Uni reçut 28% des dépenses structurelles, l'Italie 28% également, le reste étant partagé entre les autres États membres. Pour attribuer les crédits selon une méthode objective, il a été décidé d'utiliser le critère du produit régional par habitant ce qui aboutissait à fixer une moyenne communautaire avec des régions plus ou moins développées. Avec l'entrée de la Grèce en Europe en 1981 et celle de l'Espagne et du Portugal en 1986, cette règle allait obliger le budget à changer de manière encore plus radicale car les nouveaux États membres étaient presque intégralement situés en dessous de la moyenne communautaire[2]. C'est dans ces conditions que furent créées en 1988 les perspectives financières afin de programmer les dépenses de manière rationnelle sur plusieurs années. Il a également fallu moderniser le système des ressources propres en créant une nouvelle ressource d'équilibre assise, elle aussi, sur le critère de la richesse de chaque État. Cette nouvelle ressource a permis de mettre fin, de manière définitive, aux problèmes de financement du budget communautaire. On le voit très clairement, les fonds structurels sont indissociablement liés aux différents élargissements. Celui de 1995 étant d'ailleurs justifié par un besoin d'intégrer de nouveaux pays contributeurs nets pour le budget communautaire. Selon l'économiste Pierre DELFAUD, les fonds structurels ont pris leur forme actuelle au moment de l'entrée du Royaume-Uni au 1er janvier 1973[3]. Les élargissements successifs ont progressivement réduit la part des dépenses d'actions structurelles revenant à la France qui est passée de 12% des crédits de paiements en 1988 à 8% en 1996 avec une moyenne de 10,2% pour la période 1988-1992, la moyenne des années 1993-1999 a été réduite à 8,9%, la programmation actuelle 2000-2006 prévoit que la part française passe à 7,4%. Pour l'année 2002, la part de la France est déjà tombée à 5,5% et le dernier rapport[4] de la Commission sur les dépenses réparties concernant l'exercice 2003 fournit le chiffre de 6,9%. Les derniers rapports de la Commission européenne sur les dépenses réparties nous indiquent que la part de la France est passée de 2,4 milliards d'euros en 1997 à 2,8 en 1999 pour redescendre à 2,5 en 2000 avant de diminuer

---

[2] LECHANTRE (M) et SCHAJER (D), *Le budget de l'Union européenne*, coll. Réflexe Europe, éd. La documentation française, 2003, p. 86.

[3] Voir en particulier la démonstration extrêmement convaincante de DELFAUD (P), La politique régionale, ciment des élargissements successifs de la CEE-UE, *Mélanges Gautron*, Pédone 2004, pp. 633s.

[4] Chaque année, ce rapport est publié au mois de novembre et concerne l'exercice précédent.

progressivement jusqu'à 1,9 milliard d'euros pour 2003 (dernier exercice vérifié).

L'intégration communautaire a répondu à deux objectifs : tout d'abord accompagner la monnaie unique en instituant une cohésion économique et sociale, puis préparer le dernier élargissement par lequel l'Europe passe de 15 à 25 membres. Ces deux finalités seront présentées en deux points qui montrent clairement que l'intégration européenne passe obligatoirement par une dimension budgétaire et financière.

I – L'INTÉGRATION EUROPÉENNE DESTINÉE À ACCOMPAGNER LA MONNAIE UNIQUE

Pour préparer le cadre géographique de la monnaie unique, Jacques DELORS et la Commission qu'il a présidée à partir de 1985, ont proposé, dans le cadre de l'Acte unique européen, la mise en place d'un grand marché intérieur sans frontières à l'échéance du 31 décembre 1992. Puis, cette même dynamique a trouvé un second souffle avec le traité de Maastricht (février 1992) fixant l'objectif de la monnaie unique à l'échéance 1999. Pour mettre ces objectifs en place, deux instruments complémentaires ont été créés : une programmation des dépenses (les perspectives financières) et un nouveau cadre juridique.

A – LE CADRE DES PERSPECTIVES FINANCIÈRES

Les perspectives financières sont juridiquement une annexe des accords inter-institutionnels sur la discipline budgétaire et l'amélioration de la procédure budgétaire. Leur valeur est contraignante pour les institutions. D'ailleurs, il est possible de demander au juge d'obliger une institution à respecter les obligations contenues dans un accord inter-institutionnel. Lors des premières perspectives financières 1988-1992, appelées familièrement « *Paquet Delors 1* », il a été prévu de doubler les crédits destinés à financer les fonds structurels. Il s'agissait en effet de préparer le grand marché comme le prévoyait l'Acte unique européen à l'horizon du 31 décembre 1992[5]. Au cours de l'année 1992, les fonds structurels correspondaient à 27% des crédits de paiements de l'ensemble du budget général. Cette part, déjà importante, allait passer à 36% des crédits de paiements pour l'année 1999. C'était le résultat des perspectives financières 1993-1999, appelées familièrement « *Paquet Delors 2* », résultant du Conseil européen d'Edinbourg en décembre 1992. C'est à ce moment que les chefs d'États et de gouvernements ont fixé le niveau des dépenses d'actions structurelles à 0,46% du PNB communautaire.

---

[5] Commission européenne, direction générale du budget, *Les finances publiques de l'union européenne*, préf. Michèle SHREYER, éd. OPOCE, Luxembourg, pp. 243 ss.

Mais cette fois, l'objectif était plus clairement affiché : la monnaie unique étant programmée par le traité de Maastricht (février 1992) pour l'année 1997 ou au plus tard 1999, les dépenses d'actions structurelles avaient pour fonction de réduire les écarts de richesse entre les différentes régions afin de faciliter la mise en place de la nouvelle monnaie européenne[6]. Puis, dans un contexte de grave crise institutionnelle[7], de nouvelles perspectives financières ont été adoptées en 1999 pour la période 2000-2006. Ces perspectives financières ont pris un nom neutre, on les appelle « *Agenda 2000* ». Au cours de la période actuelle, les dépenses d'actions structurelles connaissent une programmation beaucoup plus raisonnable aboutissant pour 2006 à une part limitée à 35% de l'ensemble des crédits du budget général. Cette réduction s'explique par la séparation, dans les perspectives financières, des crédits d'engagements destinés aux 15 États membres (ligne n°2 intitulée « *actions structurelles* ») et des crédits bénéficiant aux pays candidats (ligne n°7 intitulée « *aides de pré-adhésion* ») et de montants réservés aux 10 nouveaux adhérents.

Répartition des aides de pré-adhésion
Pour la période 2000-2006

		États	%	%
Poids lourds	1	Pologne	33	57
	2	Roumanie	24	
Poids moyens	3	Bulgarie	10	25
	4	Hongrie	8	
	5	Rép. Tchèque	7	
Poids plumes	6	Lituanie	5	18
	7	Slovaquie	4	
	8	Lettonie	4	
	9	Estonie	3	
	10	Slovénie	2	

Origine : Commission européenne[8].

La Pologne et la Roumanie absorbent quasiment 60% des dépenses de pré-adhésion, comportant une part prépondérante de dépenses à finalité structurelle (Pologne-Hongrie Aide à la reconstruction PHARE, existant depuis 1989 et depuis 1997, Instrument structurel de pré-adhésion, ISPA). Les

---

[6] Voir pour une réflexion d'ensemble : Célimène (F) et Lacour (C) (dir.), *L'intégration régionale des espaces*, colloque sept. 1994, Economica, 1997, 300 pages ; avec plus particulièrement, éléments d'une théorie générale de l'intégration régionale des espaces, pp. 15-32, des mêmes auteurs.

[7] En mars 1999, à la suite de plusieurs cas de fraudes, vérifiés par un comité d'experts indépendants nommé par le Parlement européen, la commission présidée par Jacques Santer a présenté collectivement sa démission. Il semblait difficile de continuer à appeler les perspectives financières « *Paquet Santer* ».

[8] Les pays manquants dans ce tableau figurent dans les bénéficiaires des crédits d'actions extérieures (rubrique n° 4 des perspectives financières).

dépenses structurelles représentent 83% des dépenses totales de la stratégie de pré-adhésion entre 2000 et 2003, rubrique n° 7 des perspectives financières. Ces dépenses servent à financer les projets d'infrastructure dans les domaines couverts par le fonds de cohésion (ISPA) et à favoriser le processus de passage à l'économie de marché. À partir de 2004, les dépenses de pré-adhésion ne bénéficieront plus qu'à la Roumanie et la Bulgarie (adhésions prévues pour 2007) ainsi qu'à la Turquie. L'accord inter-institutionnel de 1999 a prévu pour chaque année un crédit d'engagement de 3 120 millions d'Euros par an (en valeur 1999) pour chaque année de 2000 à 2006. Or, l'élargissement de 2004 aurait pu avoir pour conséquence de réduire ces montants pour tenir compte de l'adhésion des dix nouveaux États membres. En effet, seuls trois États sont désormais bénéficiaires des crédits de la ligne 7 des perspectives financières. Il a été décidé de conserver les sommes à leur niveau initial afin de rendre les aides encore plus massives pour faciliter le travail de remise à niveau. Pour préparer l'élargissement, les perspectives financières de 1999 ont prévu une rubrique supplémentaire (n°8) destinée à retracer des crédits mis en réserve pour les futurs États membres à partir de leur adhésion qui a été programmée à partir de l'exercice 2002 avec des montants de crédits pour engagements de plus en plus importants allant de 6 450 à 16 780 millions d'euros de 2002 à 2006 (en valeur 1999). Sur ces montants, les dépenses d'actions structurelles représentent entre 58% et 72% des crédits d'engagements prévus pour chaque année, ce qui est considérable.

Nous pouvons mesurer la répartition des fonds structurels entre les 15 différents États membres sur la base des crédits de paiements constatés par la Commission européenne dans son dernier rapport sur les dépenses opérationnelles réparties pour l'année 2003. En effet, ce rapport est rendu public depuis novembre 2004. Il permet de constater, de manière tangible, que l'Espagne[9] absorbait en 2003 un peu moins de 32% des dépenses structurelles des 15, suivie de très loin par l'Italie absorbant un peu moins de 16% des dépenses structurelles[10]. Les pays suivants étant l'Allemagne[11] en raison de sa

[9] Ce que l'on peut simplifier en retenant que l'Espagne absorbe un peu moins du tiers des dépenses d'actions structurelles des 15.

[10] Si l'on ajoute les dépenses structurelles de l'Espagne et de l'Italie, le total représente un peu moins de 48% des dépenses d'actions structurelles 2003 (47,7% exactement). Soit quasiment la moitié des dépenses d'actions structurelles 2003.

[11] Si l'on ajoute les dépenses structurelles de l'Espagne, de l'Italie et de l'Allemagne, le total représente un peu plus de 61% des dépenses d'actions structurelles 2003 (61,01% exactement).

réunification (13%) et le Portugal[12] (13%). La France n'arrivant qu'en cinquième position avec seulement 7% des dépenses d'actions structurelles.

Répartition des dépenses d'actions structurelles entre les 15 en 2003

	États membres	%	M €
Pays fortement bénéficiaires			
1	Espagne	31,74	9 037,6
2	Italie	15,96	4 544,0
3	Allemagne	13,31	3 791,2
4	Portugal	13,15	3 742,9
Pays faiblement bénéficiaires			
5	**France**	**6,95**	**1 972,2**
6	**Grèce**	**6,71**	**1 909,5**
7	**Royaume-Uni**	**4,89**	**1 392,7**
8	**Irlande**	**2,12**	**603,9**
9	**Suède**	**1,39**	**395,7**
10	**Finlande**	**1,15**	**327,9**
11	**Autriche**	**1,06**	**300,5**
Pays recevant une part négligeable			
12	Pays-Bas	0,77	218,4
13	Belgique	0,42	118,4
14	Danemark	0,37	105,7
15	Luxembourg	0,02	6,4
	Europe des 15	100%	28 474,0

Source : Commission européenne, nov. 2004.

La place de l'Espagne est donc tout à fait privilégiée au regard des dépenses d'actions structurelles. On sait en effet que, sur la base des dépenses réparties[13] en 2003, l'Espagne a absorbé 78,57% du fonds de cohésion, 56,92% de l'IFOP, 31% des crédits du FEOGA-Orientation, 27,86% du FEDER et 23,82% du Fonds social européen. Les dépenses d'actions structurelles sont exécutées par plusieurs fonds structurels ayant chacun une finalité propre. Le FEOGA orientation correspond à des aides complétant des subventions des États dans le domaine de la restructuration des propriétés agricoles, les dépenses liées au développement rural dans les régions en retard de développement. Une initiative communautaire est financée par le FEOGA, il s'agit du programme LEADER (programme destiné à dynamiser les zones rurales par des projets de développement durable). Le Fonds social européen correspond au financement de la politique sociale européenne à savoir les

---

[12] Si l'on ajoute les dépenses structurelles de l'Espagne, de l'Italie, de l'Allemagne et du Portugal, le total représente un peu plus de 74% des dépenses d'actions structurelles 2003 (74,16% exactement). Ce que l'on peut simplifier en retenant que ces 4 États absorbent un peu moins des trois quarts des dépenses d'actions structurelles des 15.

[13] Tableau 1c du rapport de la Commission sur la répartition des dépenses opérationnelles pour l'année 2003 (novembre 2004).

aides à l'emploi, à la mobilité géographique, à la formation et à la reconversion des travailleurs. Le FSE est le seul fonds structurel intervenant dans tous les objectifs des fonds structurels. Le FSE finance le programme d'initiative communautaire EQUAL (propotion de l'égalité dans l'accès au marché du travail). Le FEDER est le fonds structurel qui distribue les volumes les plus importants de crédits car il finance les grosses infrastructures afin de rééquilibrer les territoires des régions européennes éligibles aux objectifs 1 & 2. Deux initiatives communautaires sur quatre sont financées par le FEDER (Interreg et Urban : coopération transfrontalière et projets de réhabilitation des zones urbaines en crises). Le traité de Maastricht a créé un nouveau fonds structurel dédié à la pêche, il est dénommé Instrument financier d'orientation de la pêche (IFOP). Ce fonds est destiné à préserver les ressources halieutiques qui relèvent d'une compétence exclusive de la Communauté européenne. Le fonds sert à équilibrer l'exploitation et la préservation des ressources naturelles de la mer. Depuis le traité de Maastricht, un nouveau fonds a été institué : le fonds de cohésion qui sert à financer les quatre pays les plus pauvres d'Europe, ceux dont le PIB par habitant est inférieur à 90% de la moyenne communautaire.

Ventilation des dépenses d'action structurelles des 15 par fonds en 2003

	Fonds structurels	%	M €
1	FEDER	55,44	15 785,8
2	FSE	25,62	7 296,3
3	FEOGA-Orientation	9,18	2 612,8
4	Fonds de cohésion	7,71	2 195,1
5	IFOP	1,74	494,9
6	Autres	0,31	89,0
	Total	100%	28 474,0

Source : Commission européenne, nov. 2004

Cette ventilation par fonds fait apparaître très clairement la masse considérable des volumes distribués au titre du Fonds européen de développement régional (FEDER), en y ajoutant le Fonds social européen (FSE), les sommes dépassent les trois-quarts des crédits de la sous-section B2 rassemblant les dépenses d'actions structurelles.

B – LE CADRE JURIDIQUE DES DÉPENSES D'ACTIONS STRUCTURELLES

Les États membres ne devront pas recevoir plus de 4% de leur PNB en fonds structurels et fonds de cohésion, ce qui constitue un plafond qui ne saurait être dépassé. Les dépenses d'actions structurelles sont déterminées par une réglementation spécifique et mises en œuvre par une procédure complexe.

La réglementation communautaire[14] existe depuis 1988 mais elle a été actualisée pour chaque période des perspectives financières ; actuellement, c'est le règlement cadre du Conseil du 21 juin 1999 qui est la source essentielle du droit applicable aux fonds structurels. Ce règlement définit les objectifs ainsi que la procédure des fonds structurels communautaires.

L'**objectif 1** consiste à promouvoir le développement et l'ajustement structurel des régions en retard de développement. Concrètement, ces crédits permettent de mettre en œuvre un rattrapage pour les régions dont le PIB par habitant est inférieur à 75% de la moyenne communautaire. Cet objectif regroupe 22% de la population des 15 et 34,5% de la population des 25. Les dix nouveaux États membres sont tous éligibles sauf Chypre, Prague et Bratislava. En France, le Conseil européen de Berlin a prévu pour la France 3,9 milliards d'euros, au titre de l'objectif n°1, répartis entre les DOM, la région Nord-Pas-de-Calais et la Corse[15]. Ces aides massives et concentrées sur les sites les plus défavorisés permettent de réaliser un rééquilibrage des territoires. 70% des fonds structurels sont utilisés pour réaliser cet objectif.

L'**objectif 2** sert à soutenir la reconversion économique et sociale des régions en difficultés structurelles : zones en mutation socio-économique dans les secteurs de l'industrie et des services, les zones rurales en déclin, les zones urbaines en difficulté, les zones en crise dépendant de la pêche. Au total, 18% de la population des régions de l'UE-15 est concernée. Le règlement cadre fixe des taux de population répartis selon des critères objectifs : 10% régions industrielles, 5% régions rurales, 2% régions urbaines et 1% zones de pêche. Toutes les régions françaises sont touchées par l'objectif n°2 sauf la Corse. Les régions françaises qui absorbent les volumes les plus conséquents de crédits de l'objectif 2 sont le Nord-Pas-de-Calais (608,2 millions d'euros), l'Aquitaine (535,1 millions euros) et Midi-Pyrénées (496,3 millions euros). Ces crédits sont utilisés en priorité pour aider les entreprises à se développer sur le plan économique, on relève des efforts dans la construction des grandes infrastructures destinées à faciliter l'accès aux entreprises et les communications. Les dépenses d'actions structurelles bénéficiant à la France sont concentrées pour 40,3% sur l'objectif n°2 qui représente un enjeu stratégique pour les programmes régionaux. Sur l'ensemble européen des crédits de paiements de l'objectif 2, la France en consommait 28,8% en 2003 ce qui est habituel car la France occupe toujours la première place devant le Royaume-Uni (18,0%). Les perspectives financières ont prévu que cet objectif

---

[14] On se reportera à l'article de GRARD (L), La réforme 2000 des fonds structurels, *Revue française de finances publiques, n° 74, avril 2001*, p. 11, ainsi qu'à celui de DUPRAT (JP), La spécificité des règles financières applicables aux interventions des fonds structurels en région, *Revue française de finances publiques, n° 74, avril 2001*, p. 43.

[15] Réunion 38,5%, Guadeloupe 20,5%, Martinique 17,1%, Nord PC 9,9%, Guyane 9,4%, Corse 4,6%.

n°2 devait consommer 11,5% des crédits des fonds structurels ce qui montre bien que le caractère secondaire de la priorité.

L'**objectif n°3** correspond à la modernisation de la formation et de l'emploi. Il est financé exclusivement par le FSE et constitue l'instrument privilégié du financement de la politique sociale européenne. Cet objectif n°3 présente la particularité d'être réservé aux zones qui ne sont pas éligibles à l'objectif n°1. À ce titre, l'objectif n°3 est souvent présenté comme un lot de consolation destiné à attribuer des aides structurelles aux États contributeurs nets du budget communautaire. Les crédits de l'objectif 3 sont répartis selon des clefs : 20% chômage des jeunes, 25% aides à l'emploi, 25% écarts entre les sexes, 15% chômage de longue durée, 15% niveau d'éducation. La France ne se situe qu'à la troisième place pour la consommation des crédits de l'objectif n°3 (17,3%) derrière l'Allemagne (22,3%) et l'Italie (21,7%). Ces résultats correspondent aux crédits de paiements 2003 mais sont représentatifs des tendances de la période de programmation 2000-2006. Les perspectives financières prévoient que cet objectif n°2 devait consommer 12,3% des crédits des fonds structurels.

Ces objectifs sont complétés par quatre initiatives communautaires de la Commission européenne et le fonds de cohésion qui ne bénéficie qu'aux quatre pays les plus pauvres d'Europe ayant mis en place des programmes de convergence (Espagne, Portugal, Grèce et Irlande). Les fonds structurels doivent respecter quatre grands principes juridiques existant depuis 1988. Le principe de **concentration** signifie que les aides ne doivent pas être saupoudrées mais au contraire attribuées à des régions prioritaires. Ainsi, les crédits de l'objectif n°1 représentent-ils 60% des dépenses d'actions structurelles et 70% des crédits des fonds structurels. La plupart des régions espagnoles reçoivent des crédits de l'objectif n°1 auquel s'ajoutent les crédits du fonds de cohésion, c'est un effort important qui a contribué à la modernisation des équipements et grandes infrastructures de ce pays qui a pu être qualifié sans problème pour la monnaie unique en 1998. Le principe de **programmation** oblige les porteurs de projets à présenter des dossiers étalés dans le temps sur une période d'au moins deux années ce qui fait acquérir une dimension plus significative aux subventions communautaires. Le principe de **partenariat** oblige chaque entreprise ou porteur de projet à diversifier les sources de financements. L'Europe ne veut pas être seule à financer les projets d'intérêt collectif, les fonds privés doivent s'associer aux fonds publics (Europe, État, régions, départements, communes et groupements). Enfin le principe d'**additionnalité** signifie que les crédits européens doivent s'additionner aux autres financements sans les remplacer. L'Europe ne veut pas que les États fassent des économies en remplaçant leurs subventions par des aides communautaires.

Ventilation des dépenses d'action structurelles des 15 par objectif en 2003

	Objectifs	%	M €
1	Objectif n°1	66,36	18 895,4
2	Objectif n°2	12,60	3 587,0
3	Objectif n°3	8,95	2 548,3
4	Fonds de cohésion	7,71	2 195,1
5	Initiatives communautaires	2,65	754,3
6	Autres actions des fonds structurels	0,62	175,9
7	Actions innovatrices et assistance technique	0,49	139,0
8	Autres actions structurelles	0,31	89,0
9	Crédits divers des fonds structurels[16]	0,31	90,0
	Total[17]	100%	28 474,0

Source : Commission européenne, nov. 2004.

La procédure est complexe car elle repose sur un partage des responsabilités entre le niveau communautaire et le niveau des États. La Commission européenne négocie et approuve les différents programmes de développement proposés par les États et alloue les crédits. Les États et les régions gèrent les programmes et les mettent en œuvre en sélectionnant les projets puis en les évaluant et les contrôlant. Enfin, la Commission participe au suivi des programmes, engage et paie les dépenses certifiées et vérifie les systèmes de contrôle mis en place. En France, dans chaque région, la sélection des programmes est assurée par un comité régional de programmation coprésidé par le préfet de région et le président du conseil régional. Un comité de suivi coprésidé par le préfet de région et le président du conseil régional associe la Commission européenne, l'État, la région et les autres collectivités territoriales ainsi que les partenaires sociaux, les acteurs économiques et les

[16] Dans le rapport de la Commission européenne, le tableau 1b donne la répartition des fonds structurels sur un total de 26 189,9 millions € pour 2003. Pourtant, lorsque l'on ajoute les différents chiffres des crédits de paiements ventilés entre les différents objectifs, on n'aboutit pas au même total en raison d'un écart de 90 millions €. On devrait obtenir 26 189,9 alors que l'on n'obtient que 26 199,9 millions d'€. Par souci d'exactitude, nous avons rajouté une ligne intitulée crédits divers des fonds structurels. La question reste posée de savoir pourquoi il existe cette différence de 90 millions € et comment cette somme a pu « disparaître » des chiffres du tableau.

[17] Le rapport de la Commission (tableau 1b) répartit les dépenses par objectif en retirant de l'assiette le fonds de cohésion et les autres actions structurelles ce qui minore le total à 26 189,9 millions €. Sur cette base, l'objectif n°1 représente 72,49% en 2003, l'objectif n°2 fait 13,70%, l'objectif n°3 passe à 9,73%, les autres actions structurelles (financées par le FEOGA-Orientation et l'IFOP) montent à 0,67%, les initiatives communautaires représentent 2,88% et les actions innovatrices et l'assistance technique 0,53%. Dans la mesure où nous avons choisi de prendre pour base le total des crédits de paiements de la sous-section B2 pour 2003 (actions structurelles, incluant le fonds de cohésion et les autres actions structurelles, soit 28 474,0 millions €), nous avons décidé, par respect du principe de permanence des méthodes, de ne pas changer d'assiette pour la ventilation des fonds par objectif.

représentants du monde associatif. Pour les objectifs 1 et 2[18], les préfets de région sont à la fois autorités de gestion chargées de la mise en œuvre des opérations financées par les fonds structurels (responsables de l'efficacité et de la régularité de la gestion) et autorités de paiement (certifiant les opérations financières et soumettant les demandes de paiement à la commission européenne). Pour l'objectif 3, les opérations sont placées sous la responsabilité du ministère des affaires sociales. Le ministère de l'agriculture est compétent pour l'exécution des dépenses du FEOGA et de l'IFOP.

Sur le plan des paiements, il existe trois niveaux : la Commission européenne, l'autorité de paiement et le bénéficiaire final. Dès que la Commission a approuvé un programme, 7% des crédits sont engagés à titre d'acompte provisionnel. Ces acomptes doivent être utilisés dans les 18 mois sans quoi ils doivent être remboursés. La Cour des comptes signale qu'au cours de l'année 2002, 62 programmes n'ont pas respecté cette règle sans que la sanction ne soit appliquée[19]. Puis, si le programme a démarré conformément au calendrier, les versements annuels sont effectués par la Commission au mois d'avril. Toutefois, il n'existe pas de paiement direct entre la Commission et les bénéficiaires. Les bénéficiaires doivent dépenser et se faire rembourser a posteriori, c'est l'application de la règle du service fait. Toutefois, le règlement cadre prévoit un dégagement d'office des crédits au cas où la règle de l'exécution dans les deux ans n'est pas respectée. Plus précisément, comme le dit la Cour des comptes européenne : « la part de l'engagement qui n'aura pas fait l'objet de paiement à la fin de la deuxième année suivant celle de l'engagement sera dégagée d'office par la Commission[20] ». Cette sanction signifie clairement que les crédits peuvent être perdus s'ils ne sont pas utilisés pendant une période de deux ans. Cette obligation signifie que les programmes doivent être correctement prévus pour pouvoir être exécutés dans les délais. La Cour des comptes précise d'ailleurs dans son rapport 2002 que plusieurs programmes relevant de la période 1993-1999 ont été clôturés après dégagement[21].

Pour éviter les dégagements d'office[22], au cours de l'été 2002, le gouvernement français a pris une série de mesures par quatre circulaires pour alléger la procédure. En particulier, l'État a mis en place des fonds de

---

[18] Voir notre étude : Les politiques locales et les financements européens, l'exemple de l'objectif 2 en Languedoc-Roussillon, *Annuaire du GRALE 2005*, éd. CNRS, 2005.

[19] Cour des comptes, Rapport annuel relatif à l'exercice 2002, 28 novembre 2003, C 286, 2003/C 286/01, p. 172.

[20] Cour des comptes, Rapport spécial n°7/2003 relatif à la mise en œuvre de la programmation de la période 2000-2006 dans le cadre des fonds structurels, accompagné des réponses de la commission, JOCE, série C 174, 23 juillet 2003, n° 2003/C/174/01, p. 7.

[21] Cour des comptes, Rapport annuel relatif à l'exercice 2002, 28 novembre 2003, C 286, 2003/C 286/01, p. 13.

[22] DUMONT (Jean-Louis), *Fonds structurels européens : programmation et consommation : 2000-2006*, Rapport d'information Sénat n° 1624, 42 pages, 26 mai 2004.

concours locaux permettant aux préfets de région de recevoir directement les fonds structurels sans passer par les comptes des ministères. L'État a autorisé des organismes agréés à encaisser des subventions globales afin d'accélérer les délais d'exécution des opérations de dépenses. Le préfet de région a eu la possibilité de confier les fonctions d'autorité de paiement aux trésoriers payeurs généraux ce qui a permis une meilleure utilisation des compétences du trésor public. Enfin, au titre de l'expérimentation, il a été admis que le conseil régional d'Alsace pourrait exercer les fonctions d'autorité de gestion à la place du préfet de région.

Le nouveau règlement-cadre de 1999 a prévu une réserve de performance[23] permettant de récompenser les programmes communautaires des trois objectifs en leur attribuant un supplément de crédits décidé par les États. Le montant de la réserve a été fixé par le règlement cadre à 4% des crédits d'engagements prévus dans chaque répartition nationale indicative. Mais ce supplément de crédits est calculé par rapport à l'ensemble des crédits de chaque objectif pour l'ensemble de la programmation, puis la répartition se fait entre chaque État à raison de montants attribués pour les trois derniers exercices de la période de programmation (2004 à 2006). Concrètement, cela donne par année un supplément de crédits annuels supérieur à 10% des montants annuels attribués à chaque État membre ce qui n'est pas négligeable. L'évaluation à mi-parcours 2002-2003[24] a servi de base pour attribuer le montant de la réserve de performance mais la Cour des comptes a décelé des risques d'incohérence et d'inefficacité dans l'application de cette réserve qui aurait dû être répartie entre les programmes selon des indicateurs reflétant l'efficacité, la gestion et l'exécution financière des programmes par rapport aux objectifs fixés au départ. Par ailleurs, la Cour des comptes européenne relève que divers documents de programmation indiquent que la réserve sera attribuée de manière systématique pour ne pas dire automatique, ce qui est contraire au mécanisme voulu par le règlement-cadre[25]. La Cour signale que deux pays ont créé une réserve supplémentaire non obligatoire en Italie et au Portugal afin d'ajouter des crédits d'État aux programmes les plus

---

[23] Le fondement juridique de la réserve de performance est l'article 44 du Règlement (CE) du Conseil n°1260/1999 du 21 juin 1999 portant dispositions générales sur les fonds structurels. La réserve de performance n'est pas applicable aux initiatives communautaires car la Commission a décidé que la réserve serait attribuée par les États au niveau de chaque objectif selon des indicateurs proposés par la commission et choisis par les États.

[24] Voir le guide de l'évaluation à mi-parcours qui précise notamment le calendrier et la méthode : « L'évaluation à mi-parcours des interventions des fonds structurels », document de travail n°8, Commission européenne, Politique régionale, inforegio, document du 5 décembre 2000, modifié le 19 décembre 2002, 32 pages.

Le fondement juridique de l'évaluation à mi-parcours est l'article 42 du Règlement (CE) du Conseil n°1260/1999 du 21 juin 1999 portant dispositions générales sur les fonds structurels.

[25] Cour des comptes, Rapport spécial n°7/2003 relatif à la mise en œuvre de la programmation de la période 2000-2006 dans le cadre des fonds structurels, accompagné des réponses de la commission, JOCE, série C 174, 23 juillet 2003, n° 2003/C/174/01, p. 18.

performants. Au cours de ses contrôles, la Cour des comptes européenne a constaté cependant des progrès significatifs dans l'efficacité des fonds structurels par rapport à la période antérieure à l'an 2000. En particulier, la Cour relève que l'amélioration vient de la Commission alors que les erreurs sont causées principalement par les États membres[26].

Deux règlements communautaires de mars 2001 (n°438/01 et 448/01) sont venus modifier le droit des contrôles des fonds structurels européens. En France, un décret du 26 avril 2002 a institué une commission interministérielle de coordination des contrôles. Le décret a été précisé par une circulaire du Premier ministre en date du 15 juillet 2002. Les modalités d'application du règlement cadre du 21 juin 1999 ont été adoptées par la Commission dès le 28 juillet 2000[27], elles sont actuellement régies par un nouveau règlement de la Commission du 10 mars 2004[28].

Finalement, l'intégration européenne destinée à accompagner la monnaie unique a réussi puisque 12 États membres ont été qualifiés pour la monnaie unique qui a pu être généralisée au 1er janvier 2002. Cette réussite découle de la réduction des disparités de richesses entre les différentes régions. Malgré tout, trois pays riches demeurent en dehors de la zone euro pour des raisons politiques : le Royaume-Uni, le Danemark et la Suède. Même si les disparités persistent entre les États sur le plan de la richesse, les écarts se sont réduits de manière très importante en raison des dépenses d'actions structurelles. L'effort peut être aisément mesuré pour l'Irlande dont le PIB par habitant est passé de 64% à 119% de la moyenne communautaire entre 1988 et 2000[29]. L'élargissement de 15 à 25 entraîne une hausse mécanique du PNB communautaire alors même que la population va augmenter de 20%, ceci cause un effet statistique qui modifie considérablement la donne. Par ailleurs, et de manière plus fine, les 10 nouveaux États membres ont un PNB inférieur à 50% de la moyenne communautaire, un taux d'emploi très bas ce qui produit un effet inéluctable sur les dépenses d'actions structurelles : le nombre de personnes situées sous la barre des 75% de la moyenne de richesse communautaire va passer de 68 à 116 millions avec 25 États et à 150 millions à 27 (Bulgarie et Roumanie) ce qui va coûter très cher et qui requiert des mesures d'accompagnement. Par conséquent, le dernier élargissement est en train de bouleverser les règles d'intégration financière.

---

[26] Cour des comptes, Rapport annuel relatif à l'exercice 2002, 28 novembre 2003, C 286, 2003/C 286/01, p. 13.
[27] Règlement de la commission n° 1685/2000 du 28 juillet 2000.
[28] Règlement de la commission n° 448/2004 du 10 mars 2004.
[29] DUPRAT (JP), *Les fonds structurels en région*, coll. Décentralisation et développement local, éd. LGDJ, 2003, 200 pages, spéc. p. 13.

II – L'INTÉGRATION EUROPÉENNE ET LE DERNIER ÉLARGISSEMENT

En mars 1999, le Conseil européen de Berlin décidait que les actions structurelles bénéficieraient d'une programmation à hauteur de 213 Mds d'euros pour les quinze. En décembre 2002, le Conseil européen de Copenhague augmentait la somme programmée à 235 Mds d'euros pour tenir compte des dix nouveaux États membres. En prix courants, cette augmentation correspondait à 261 Mds d'euros soit 0,38% du PIB de l'Europe à 25. Les nouveaux États membres devaient ainsi recevoir des aides massives au *prorata* de leurs besoins et de leur population. Parmi les dix nouveaux États membres, la Pologne est le principal bénéficiaire des 21,7 milliards d'euros de dépenses d'actions structurelles réservés aux dix nouveaux États membres (52%), suivie de la Hongrie (13%) et de la République tchèque (11%) ; trois autres pays remportent des aides non négligeables (18%) : Slovaquie, Lituanie et Lettonie. Le reste (6%) est réparti entre les quatre autres États (Estonie, Slovénie, Chypre et Malte). Pour présenter la question, nous partirons du budget 2005 qui est le premier à prévoir et autoriser les dépenses structurelles pour 25 États membres sur une année pleine, puis nous verrons que l'élargissement conduit à modifier la réglementation.

A – LES DÉPENSES D'ACTIONS STRUCTURELLES DANS LE BUDGET 2005

Le budget général pour l'année 2005 est le premier qui prévoit et autorise les dépenses des 25 États membres pour une année entière. Le second poste, après les dépenses agricoles, est constitué des dépenses d'actions structurelles. Ces dépenses prioritaires auraient dû connaître une très forte augmentation entre 2004 et 2005, ainsi les crédits de paiements devaient bondir quasiment de 15% en l'espace d'une seule année[30]. Il est clair que ce saut quantitatif devait être causé par l'entrée des dix nouveaux États membres[31] qui absorbent 18,16% du total des dépenses d'action structurelles prévues pour 2005. La décision effective a été plus réduite en raison de la volonté du Conseil de limiter le caractère excessif de ces déploiements de moyens dans un contexte où les États sont déjà très sollicités. Ainsi, les crédits d'engagements des dépenses d'actions structurelles (sous-section B2 du budget) ont-ils augmenté de 3,4% seulement par rapport à 2004 (à titre de comparaison, les crédits d'engagements augmentent en moyenne pour toutes les rubriques du budget

---

[30] 14,8%, voir avant propos de l'avant projet de budget général de la Commission européenne pour l'exercice 2005, p. 4. Toutefois, cette augmentation, qui peut sembler excessive, prend pour base les crédits de paiements 2004 qui étaient inférieurs de 7% à ceux de 2003.

[31] Pologne, Hongrie, République Tchèque, Slovaquie, Slovénie, Estonie, Lettonie, Lituanie, Chypre et Malte. Ces dix nouveaux États sont entrés au 1er mai 2004 dans l'Union européenne ce qui a justifié un budget rectificatif et supplémentaire. Au total, en raison de l'élargissement, l'année budgétaire 2004 compte un total de dix budgets rectificatifs et supplémentaires.

de 6,2% entre 2004 et 2005). Par ailleurs, il convient de noter que les montants à dépenser dans les nouveaux États membres a été multiplié par deux entre 2004 et 2005[32]. On voit bien, par cet exemple, l'application du principe de concentration des fonds structurels dans les zones éligibles. Malgré tout, les crédits de paiements des dépenses d'actions structurelles du budget 2005 sont en baisse de 6,2% par rapport à 2004. La prudence a consisté, pour l'autorité budgétaire, à s'engager à voter un budget rectificatif et supplémentaire en cours d'année au cas où les besoins seraient supérieurs aux crédits de paiements. Cet engagement a été formalisé au cours de la réunion de concertation *ad hoc* du 25 novembre 2004 sur le budget 2005. Le budget général communautaire pour 2005 sépare les dépenses d'actions structurelles en trois sous-rubriques qui correspondent à une spécialisation des crédits de la sous-section B2. La première sous-rubrique est référencée B2-1, elle est intitulée « fonds structurels », elle est dotée à hauteur de 37 247 millions d'Euros en crédits d'engagements. La seconde sous-rubrique porte le numéro B2-2, elle est intitulée « autres actions structurelles », la troisième correspond tout simplement au fonds de cohésion, elle porte le numéro B2-3, elle comporte 5 131 millions d'euros de crédits d'engagements pour 2005.

Depuis l'exercice 2004, le budget général communautaire est spécialisé par grands domaines politiques. Ainsi, chaque poste de dépenses d'actions structurelles de l'année 2005 est-il désormais réparti entre quatre grands domaines politiques : politique régionale (64%), emploi et affaires sociales (26%), agriculture et développement rural (9%) et pêche (1%). On le voit très clairement, la politique régionale, financée par le FEDER, représente la majeure part de l'effort budgétaire structurel. Sur ces 64%, l'objectif 1 représente la majeure part (38%) complété par le fonds de cohésion (12%). Au total, les dépenses structurelles sont réparties entre la sous-section B2, correspondant aux dépenses d'actions structurelles proprement dites, (97%) et les aides de pré-adhésion (3%) destinées aux futurs États membres.

Les clefs de répartition entre les 15 et les 10

	15	10
Fonds structurels sens strict	85%	15%
- dont Objectif 1	82%	18%
Initiatives communautaires	90%	10%
Fonds de cohésion	53%	47%
Total actions structurelles	82%	18%

Source : Conseil européen de Copenhague, déc. 2002.

[32] De plus, les crédits de paiements de pré-adhésion continueront de bénéficier aux nouveaux États membres en 2005 afin de mener à terme les programmes initiés à partir de l'an 2000. Par ailleurs, en application des décisions prises au Conseil européen de Copenhague, des paiements de 1,3 milliards d'Euros sont prévus pour financer les compensations aux dix nouveaux États membres.

Pour les dix nouveaux États membres, le Conseil européen de Copenhague des 12 et 13 décembre 2002 a ajouté 21,7 milliards d'Euros de dépenses d'actions structurelles, portant ainsi les crédits de 213,4 milliards à 235,1 milliards d'euros. Mais cette répartition n'est pas encore très ouverte par rapport aux besoins restant à satisfaire. Les 15 n'ont pas voulu que la solidarité s'applique de manière trop brusque car cela aurait risqué de réduire les montants garantis aux pays des 15 qui bénéficient le plus des dépenses de cohésion (Espagne, Portugal, Grèce et Irlande). Les nouveaux États membres ont rempli les critères fixés au Conseil européen de Copenhague les 21 et 22 janvier 1993 : existence d'une démocratie politique, d'un État de droit garantissant les droits de l'homme et la protection des minorités ; existence d'une économie de marché capable de faire face à la presion concurrentielle et aux forces de marché ; reprise intégrale de l'acquis communautaire. Pour financer le coût de l'acquis communautaire, les nouveaux États membres perçoivent des compensations dégressives prévues dans les perspectives financières et reprises dans le budget annuel. Ainsi, le budget de l'année 2004 a-t-il prévu des crédits d'engagements de 1,4 milliard d'euros, le budget général de 2005 prévoit 1,3 milliard d'euros car ces sommes se réduisent chaque année de manière progressive.

Répartition des dépenses d'actions structurelles entre les 15 et les 10 (exprimées en crédits d'engagements)

	15 États	10 États	25 États
Objectif 1	22 218	5 014,9	27 283
Objectif 2	3 498	45	3 544
Objectif 3	3 869	41	3 911
Total des 3 objectifs[33]	29 585	5 102	34 868
Initiatives communautaires	2 022	237	2 259
Autres	105,1	14,4	119,5
Total des fonds structurels	31 892	5 353	37 281
Fonds de cohésion	2 738	2 394	5 132
Total actions structurelles	34 630	7 747	42 423

Source : Commission européenne, Budget 2005.

Sur la base des résultats des dépenses réparties au cours de l'année budgétaire 2003, la Commission a calculé pour chaque pays de l'Europe des 15 ce que représentent les dépenses d'actions structurelles en pourcentage du revenu national brut. Il s'agit de rapporter la dépense d'action structurelle au revenu national brut calculé avec la nouvelle convention comptable du SEC 95. Prenons un exemple, en 2003, les dépenses d'actions structurelles exécutées en France se sont élevées à 1 979 millions d'euros, cette somme va être comparée au revenu national brut français, le solde est de 0,13%. Le

[33] Cette ligne est également dénommée *« programmes principaux »*.

montant du revenu national brut est tellement important que le solde correspond toujours à un chiffre très faible (en moyenne 0,30%). Le palmarès est alors le suivant :

Les dépenses d'actions structurelles 2003
(en % du RNB)

Rang	États membres	taux
1	Portugal	2,86%
2	Grèce	1,26%
3	Espagne	1,25%
4	Irlande	0,54%
5	Italie	0,35%
6	Finlande	0,23%
7	Allemagne	0,18%
8	Suède	0,15%
9	Autriche	0,14%
10	**France**	**0,13%**
11	Royaume-Uni	0,08%
12	Danemark	0,06%
13	Pays-Bas	0,05%
14	Belgique	0,04%
15	Luxembourg	0,03%

Source : commission européenne, nov. 2004

Les trois États membres qui reçoivent le plus, selon ce critère, sont le Portugal, la Grèce et l'Espagne. En queue de liste, on trouve le Grand Duché du Luxembourg dont le revenu national brut est tellement élevé que les dépenses structurelles ne représentent presque rien pour lui. Il faut l'avouer brutalement, l'intégration financière mesurée à l'aune du revenu national brut des quinze permet de savoir ce que représentent véritablement les aides des fonds structurels européens. L'élargissement de l'Union à 25, puis à 27 à partir de 2007 obligera à adopter de nouvelles règles de solidarité financière entre les États.

B – LE FUTUR STATUT DES DÉPENSES STRUCTURELLES

Le 14 juillet 2004, la Commission européenne a adopté ses propositions législatives pour la réforme de la politique de cohésion. Il s'agit d'une proposition de règlement communautaire qui doit être adoptée de manière définitive par l'autorité législative avant la fin de l'année 2006 afin d'être applicable à partir du 1er janvier 2007. La Commission souhaite conserver trois objectifs pour les dépenses d'action structurelle mais en intégrant le fonds de cohésion avec l'objectif n° 1. On aurait ainsi un premier objectif appelé « convergence » concentrant 79% du total des dépenses d'actions structurelles et mis en œuvre par le FEDER, le FSE et le Fonds de cohésion. La règle générale de ce premier objectif serait d'allouer des crédits aux régions dont le niveau de richesse par habitant est inférieur à 75% de la moyenne communautaire. Ce premier instrument massif permettant de réduire les écarts entre les régions en retard de développement et les autres. En raison de l'augmentation mécanique du niveau du PNB communautaire du fait de l'élargissement à 25, une partie importante des régions bénéficiant de l'actuel objectif n°1 (d'avant 2006) seront situées en dessous de la moyenne communautaire ce qui devrait aboutir à un brusque arrêt des aides. Pour éviter l'absence de transition, il a été prévu d'instituer des aides temporaires et dégressives (en anglais *phasing out*). L'objectif de convergence comprendra aussi l'aide aux régions ultra-périphériques et le fonds de cohésion calculé sur la base des règles en vigueur[34]. Un second objectif intitulé « compétitivité régionale et emploi » viendrait apporter un supplément à hauteur de 17% des dépenses d'actions structurelles. Financé par le FEDER et le FSE, ce second objectif ne serait qu'un lot de consolation pour les régions qui n'auraient pas pu être éligibles à l'objectif de convergence. Les règles d'éligibilité seraient décentralisées au niveau national pour permettre à chaque État de conserver un peu de pouvoir. Enfin, un troisième et dernier objectif portant le nom de « coopération territoriale européenne » prendrait la suite de l'ancienne initiative communautaire Interreg correspondant à une coopération transfrontalière. Ce dernier objectif absorberait 4% des dépenses d'actions structurelles. Le nouveau texte de la Commission prévoit de reconduire le mécanisme de la réserve de performance mais en la modifiant pour qu'elle devienne une réserve de performance et de qualité et de créer une nouvelle réserve pour imprévus afin de conserver une marge de manœuvre dans la mesure où les initiatives communautaires ont disparu.

Les perspectives pour la répartition des fonds structurels[35] nous montrent que, dans les perspectives financières d'après 2007, les dépenses totales seront plafonnées à 1% du RNB communautaire avec une répartition telle que les dépenses d'actions structurelles vont constituer la variable d'ajustement. En effet, les dépenses agricoles resteront à 0,44%, les dépenses administratives resteront sagement cantonnées à 0,05%, mais deux postes de dépenses vont augmenter de manière inéluctable : les dépenses d'actions extérieures car elles sont causées par le nombre de plus en plus grand de pays accédant à la démocratie (0,06% et progressivement davantage) ainsi que les dépenses correspondant aux actuelles politiques internes comme la recherche, la justice et les affaires intérieures, le bloc immigration-visa-asile : ces dépenses vont exploser alors qu'elles ne sont qu'à 0,08%. Si l'on veut conserver un minimum de 0,02% de marge de manœuvre, il ne reste plus que 0,35% du

---

[34] Les régions éligibles ont un PIB par habitant inférieur à 90% de la moyenne communautaire.

[35] GAILLARD (Y) et SUTOUR (S), *Rapport d'information au nom de la délégation pour l'Union européenne sur les perspectives d'évolution de la politique de cohésion après 2006*, Sénat n° 204, 5 février 2004.

RNB pour financer les dépenses d'actions structurelles. Or, comme les objectifs 1 et 3 sont très cadrés, il ne restera plus que l'objectif 2 pour servir de variable d'ajustement. Et précisément, c'est l'objectif n°2 qui apporte le plus de crédits structurels aux régions françaises actuellement. Le risque est donc important pour les régions françaises de perdre, totalement ou partiellement, le bénéfice de ces aides structurelles. Des projections réalisées par la délégation du Sénat pour l'Union européenne se trouvent dans un rapport du Sénat[36]. Selon cette étude, la France perdrait 18% de fonds structurels objectif n°2 par rapport à la période 2000-2006 (14 milliards d'euros au lieu de 17, la part de l'objectif n°2 passant de 12,2 à 10 milliards d'euros).

* * * * * * * *

En conclusion, les différents États membres de l'Union européenne vont connaître des changements dans leur classement budgétaire. La catégorie des contributeurs nets sera toujours coupée en quatre clans : les contributeurs nets non allégés[37] (Luxembourg, Belgique et Finlande), les contributeurs nets allégés depuis le Conseil européen de Berlin en 1999 (Allemagne, Autriche, Suède et Pays-Bas), le Royaume-Uni qui bénéficie d'un régime unique financé par tous les autres États membres depuis 1984 mais qui reste contributeur net et la zone médiane composée d'États faiblement contributeurs (France, Italie Irlande et Danemark). L'Espagne pourrait bien passer dans la catégorie des pays contributeurs nets et donc rejoindre la France. L'Espagne quitterait alors le club des pays de la cohésion (Portugal, Grèce) en raison de l'arrivée massive des dix nouveaux États membres qui sont tous des bénéficiaires nets. Une nouvelle intégration financière devra alors être organisée à leur bénéfice, mais on ne sait pas encore s'il sera possible de faire payer les 15 pour les 10 sans allouer des contreparties aux principaux financeurs. La question de l'intégration financière est donc un véritable casse-tête qui pose la question essentielle de la solidarité entre des États souverains.

---

[36] N° 204 (2003/2004), GAILLARD (Yann) et SUTOUR (Simon), 5 février 2004.

[37] Depuis la 5ème décision du conseil sur les ressources propres de 2000, quatre pays ont obtenu une réduction de leur part de financement de la correction britannique, les autres contributeurs n'ont pas reçu cet avantage et ont donc été exclus de ce bénéfice.

L'ADHÉSION DE LA HONGRIE À L'UNION EUROPÉENNE : MUTATIONS ÉCONOMIQUES ET RECOMPOSITION DU SYSTÈME DES COLLECTIVITÉS LOCALES

József OROSZ
conseiller économique,
Ambassade de Hongrie

En 2004, si l'adhésion de la Hongrie à l'Union Européenne représente pour le pays un moment fondateur, elle correspond également à une étape intermédiaire dans un processus complexe de *réajustement économique* (I) et de *recomposition du système des collectivités locales* (II), qui se poursuit actuellement. Pour être satisfaisante, la mesure de ce double impact doit donc être considérée sur un temps plus long, et mise également en perspective avec l'évolution des pays voisins.

I – LES INDICATEURS D'UNE NOUVELLE DYNAMIQUE ÉCONOMIQUE CONTRASTÉE[1]

A – UNE CROISSANCE POSITIVE, MAIS UNE COMPÉTITIVITÉ ENCORE RÉDUITE

L'économie hongroise a connu en 2004, parallèlement à une croissance accélérée de l'économie mondiale, un mouvement de reprise : selon les

[1] Les indicateurs sont actualisés, portant sur l'ensemble de l'année 2004 et les premières tendances de l'année 2005

données disponibles, le Produit Intérieur Brut s'est accru de 4 % annuels, même si le dynamisme s'est modéré durant le deuxième semestre de l'année. En imaginant la prolongation de la conjoncture occidentale, nous supposons une croissance économique proche de 4 % en 2005.

La croissance accélérée s'est accompagnée d'une structure favorable : la locomotive de la croissance provient de l'augmentation dynamique des investissements (7,8 % annuels, malgré une perte de vitesse au dernier trimestre). Les investissements tant dans l'immobilier (8,8 %) que dans les équipements (7,1 %) ont augmenté considérablement. Ceux réalisés dans la production des produits fabriqués représentent un quart du total des investissements et ont affiché un dynamisme exceptionnel de 15,3 %. Vu l'importance des investissements infrastructurels en cours d'exécution et des projets de développements financés par l'UE, on s'attend également en 2005 à une augmentation des investissements qui dépasserait celle du PIB.

L'augmentation de la demande a considérablement ralenti en 2004 ; cela est en partie dû au fléchissement de l'augmentation des salaires et aux restrictions fiscales, ce qui est un revirement favorable après des années précédentes, où la croissance a été clairement portée par la consommation. La consommation des ménages a augmenté de 3,5 % l'année dernière (8,1 % en 2003), tandis que la consommation communautaire a baissé de 2,1 % en ligne droite. Si on ne s'attend pas à un changement au niveau de la consommation des ménages, on présume en revanche la poursuite de la diminution de la consommation communautaire.

Selon les comptes nationaux, les exportations ont augmenté rapidement (15,7 % par an) et bien que les importations aient accéléré à un rythme similaire, le bilan des échanges commerciaux contribue positivement à l'augmentation du PIB.

L'accélération de la production industrielle s'est poursuivie en 2004 : bien que le dynamisme de la croissance se soit quelque peu calmé durant le deuxième semestre, le volume de la production brute a augmenté de 8,3 % (6,4 % l'année dernière). Les exportations industrielles représentaient l'année dernière aussi la source exclusive de la croissance industrielle : pendant que les exportations ont augmenté de 15,7 % (malgré une petite perte de vitesse au deuxième semestre), le volume des ventes sur le marché intérieur – de même que ces dernières années – a stagné. Selon les données disponibles de janvier-février (qui témoignent d'une augmentation de 1,8 %), l'essor de la croissance industrielle a poursuivi son ralentissement cette année ; on s'attend ainsi à une croissance modérée, aux alentours de 5 % en 2005.

En outre, la croissance du PIB a été influencée de façon positive par une progression économique exceptionnelle de l'agriculture de 36,3 % grâce à une année de récolte généreuse et par la croissance accélérée du BTP. En ce qui concerne l'agriculture, les résultats exceptionnels de l'année dernière seront difficiles à reproduire ; néanmoins, l'augmentation du BTP de 7,9 % en janvier, incite à l'optimisme. En même temps, à l'inverse du secteur productif, le ralentissement important de croissance des services (2,5 %) est dû à une consommation réfrénée.

Bien qu'une augmentation de 11,2 % de la productivité – calculée à la base de la production industrielle brute – ait dépassé l'augmentation des salaires bruts du secteur, le coût unitaire de la main-d'œuvre exprimé en euro a augmenté de 2,7 % en 2004, en raison d'une augmentation plus lente de la valeur ajoutée que celle de la production brute et à une légère revalorisation annuelle de la monnaie nationale, le forint. (Parmi les quatre pays de Visegrád, le coût unitaire de main-d'œuvre a légèrement diminué dans la République tchèque, plus sensiblement en Pologne, alors qu'une augmentation considérable a été observée en Slovaquie).

En moyenne annuelle — en particulier en raison de l'évolution du deuxième semestre 2004 —, le taux de change réel effectif du forint a connu une revalorisation de 3,7 % par rapport à l'année précédente. Cela signifie toutefois une dégradation moins importante des indices de compétitivité sur la base du prix que celle constatée dans des pays voisins.

B – LE MARCHÉ DU TRAVAIL : ENTRE AUGMENTATION DU REVENU BRUT ET LÉGÈRE HAUSSE DU CHÔMAGE

Le taux de chômage moyen annuel a atteint 6,1 %, ce qui représente une hausse de 0,2 % par rapport à l'année précédente. Cela signifie qu'en 2004 il y avait environ cinq mille demandeurs d'emploi de plus ; pendant cette période, le nombre des employés a diminué de plus de seize mille personnes, alors que le nombre d'individus en âge de travailler a également diminué. Dans l'état actuel des choses, on ne s'attend pas à une diminution du chômage en 2005 (qui a passé la barre des 7 % au cours du premier trimestre 2005, partiellement à cause des effets saisonniers). En même temps, le taux de chômage de la Hongrie peut être considéré comme bas : celui-ci était de 8,8 % dans l'UE élargie en février 2005 et se trouve dans le domaine des nombres à deux chiffres dans la plupart des nouveaux pays membres de l'Union.

Des redéploiements favorables se sont produits en 2004 entre le secteur public et le secteur privé : le nombre des employés a considérablement augmenté (de 1,5 %, soit trente mille personnes) dans les entreprises qui emploient plus de 5 personnes, pendant que le nombre de personnes travaillant dans le secteur public a diminué (de 1,3 %, soit 11 mille personnes). Cette même tendance, quoique de façon plus modérée, se poursuit cette année : pendant les deux premiers mois, le nombre des employés a dépassé de 0,2 % le niveau de l'année précédente, en raison de l'augmentation de l'effectif du secteur privé de 0,7 %, et la diminution de l'effectif du secteur publique de 1,4 %.

L'augmentation du salaire moyen a considérablement ralenti au cours de l'année 2004, notamment en raison de la stricte politique de revenu du gouvernement. Le salaire moyen brut a dépassé de 6,1 % le niveau de l'année précédente, de 9,3 % dans le secteur privé, et, à cause des effets *one-off*, de seulement 0,7 % dans le secteur public. Le revenu réel net – à cause de l'accélération de l'inflation et des changements dans le régime fiscal – a diminué de 1 % en 2004. En se basant sur les accords de salaires conclus entre les acteurs sociaux, on s'attend à une augmentation brute du revenu de 6 % aussi bien dans le secteur privé que dans le secteur public (en même temps ce dernier est considérablement tiré vers le haut à cause du 13ème mois payé en janvier), ce qui pourrait signifier, si on prend en compte la diminution de l'inflation et les changements favorables dans le régime des impôts sur le revenu des particuliers, une augmentation nette d'environ 4 %. Au cours des deux premiers mois de cette année, les salaires bruts du secteur privé ont augmenté de 7,1 %, celles de la sphère publique de 36,2 % ; sans les effets distordants des allocations de janvier, l'augmentation des revenus bruts dans le secteur public en janvier-février revient à 7,6 %.

C – UN ÉQUILIBRE FRAGILE MAIS BIEN RÉEL

Le commerce extérieur continue à se développer dynamiquement en 2004 : selon les données préliminaires la valeur des exportations (calculée en euro) a augmenté de 15,7 % par rapport à l'année précédente, celle des importations de 13,4 %. La balance du commerce extérieur s'est également améliorée : le déficit n'a pas atteint les 3,9 milliards d'euros, soit environ 300 millions d'euros de moins qu'en 2003. Cette forte reprise semble se conforter dans une faible mesure seulement : pendant les deux premiers mois de l'année la valeur des exportations a augmenté de 9,8 %, celle des importations de 10,9 %. On ne s'attend pas à une augmentation réitérée du déficit en 2005 : néanmoins, la diminution effective du déficit ne semble pas probable non plus, compte tenu de l'augmentation rapide des exportations impliquant un fort dynamisme des importations.

Le déficit de la balance des paiements courants était de 7 123 millions d'euros en 2004, de 759 millions d'euros de plus qu'en 2003. Le déficit annuel correspond au 8,9 % du PIB, ce qui est de 0,2 % de plus que l'année précédente. La hausse du déficit est attribuée à l'augmentation des revenus liés aux investissements étrangers, tandis que la balance des transactions réelles (biens et services) s'est nettement améliorée. On s'attend en 2005 à une légère diminution du déficit par rapport au PIB. En considérant aussi la hausse constante de l'excès de la balance du capital, le besoin pour le financement externe pourrait se modérer de manière encore plus importante.

Les investissements directs étrangers étaient d'une valeur de 3 365 millions d'euros en 2004, ce qui est presque 1,5 milliard d'euros de plus qu'une année plus tôt. Dans l'afflux total des investissements directs, les investissements directs sous forme d'actions et d'autres participations se chiffrent à 1 108 millions d'euros, les revenus réinvestis à 1 840 millions d'euros, les autres formes d'investissements directs à 416 millions d'euros. On s'attend à ce que les investissements directs étrangers en Hongrie (sous forme d'actions et de revenus réinvestis) se montent à 3,5 voire 4 milliards d'euros en 2005. Les investissements des entreprises hongroises à l'étranger étaient plus modérés (de 424 millions d'euros) en 2004 (en comparaison avec la valeur élevée de 2003), cependant en prenant en compte les plans d'acquisition régionaux de certaines grandes entreprises, on s'attend de nouveau cette année à une augmentation de l'export du capital.

Le déficit du budget de l'État (en considérant les ajustements par rapport au système des retraites privées) est descendu à 4,5 % du PIB, ce qui correspond aux plans du Ministère des Finances (modifié vers le haut au cours de l'année). Par rapport à 2003 le déficit a diminué de presque 2 % par rapport au PIB et devrait continuer à décroître cette année à 3,6 % du PIB.

L'inflation générale en 2004 s'est élevée de 4,7 % (en 2003 à 6,8 %). La hausse a été influencée notamment par les changements de T.V.A. et de fiscalité. Toutefois, l'évolution du taux d'inflation a clairement ralenti au deuxième semestre. L'indice des prix à la consommation sur 12 mois, qui avec 7,6 % a atteint son plus haut niveau en mai, a diminué progressivement à partir de l'été pour atteindre 5,5 % en décembre. Étant donné que l'augmentation des prix, due aux changements fiscaux de début 2004, se résorbe rapidement, la désinflation s'accélère aux premiers mois de 2005 (l'inflation était de 3,5 % en mars). Ainsi, il semble que l'inflation en décembre 2005 ne dépassera pas la marge fixée par la Banque Centrale (4 % +/- 1 %) et que l'inflation annuelle moyenne s'établira au-dessous des 4,5 % prévus.

D – FIÈVRE ET STABILISATION DES MARCHÉS FINANCIERS

Le rebond du marché des actions hongroises qui dure depuis mi-2003, s'est poursuivi en 2004 ; le cours des actions cotées à la Bourse de Budapest a augmenté en moyenne de plus de 40 %. L'indice BUX a battu ses records plusieurs fois durant l'année, le marché a connu une extension encourageante (au cours du dernier semestre 2004 des transactions journalières en valeur de 12 milliards de forints se sont réalisées sur le marché des changes). L'essor du BUX semble demeurer début 2005, bien qu'une forte correction ait eu lieu mi-mars. Malgré celle-ci, le volume des transactions reste élevé et la valeur de l'indice du BUX a augmenté de plus de 10 % depuis le début de l'année.

Après une période de transactions hectiques, une stabilisation s'est faite sentir sur le marché des bons du Trésor et celui du forint. Les rendements ont commencé à baisser après avoir atteint un niveau élevé fin 2003, ce qui a incité la Banque Centrale Hongroise à baisser les taux directeurs : la banque d'émission a baissé à sept reprises en 2004 l'intérêt de base, d'une valeur totale de 300 points. Cette série a été suivie de nouvelles baisses au cours des quatre premiers mois de cette année, l'intérêt de base a été réduit de 200 points, réduisant le niveau des taux directeurs à 7,5 %. Le forint s'est renforcé continuellement pendant l'année précédente – à l'exception de quelques fluctuations au début d'année – et il s'est rapproché en mars de la marge de fluctuation, mais s'est de nouveau affaibli à la fin d'avril pour atteindre un niveau de 250 forints/euro.

II – Les conséquences de l'adhésion sur les collectivités locales hongroises

Le 1er mai 2004 la Hongrie est devenue membre à part entière de l'Union Européenne. Lors du référendum organisé le 12 avril 2003 en Hongrie au sujet de l'adhésion, le « oui » l'a largement remporté (plus de 83 % des votes ont été favorables). Voilà 15 ans, l'idée de l'adhésion de la Hongrie à la Communauté Européenne (CE) était plutôt utopique, même si en août 1988 la Hongrie était le premier pays du Pacte de Varsovie à établir des relations diplomatiques avec la CEE. Cet acte fut suivi en septembre 1988 d'un accord de coopération économique et commercial, ce qui était un élément tout à fait nouveau dans les rapports contractuels entre la CEE et les pays membres à l'époque du CAEM (Conseil d'Aide Economique Mutuelle).

L'Accord d'Association (appelé aussi Accord européen) entre la Hongrie et les Communautés Européennes fut signé en décembre 1991 et entra en vigueur – après une période relativement longue de ratification – le 1er février 1994. Ainsi la Hongrie et les CE devinrent des partenaires associés et, le 31 mars 1994, le gouvernement hongrois présenta la demande d'adhésion officielle de la République de Hongrie au Conseil Européen. C'est donc pratiquement 10 ans après le dépôt de cette demande que notre adhésion a pu être réalisée. En Hongrie, ces 20 dernières années ont été riches en transformations fondamentales, tant au niveau de la vie politique qu'économique.

A – Les réajustements précédant l'adhésion

De la part des forces politiques, un consensus était nécessaire pour pouvoir mettre en place des dispositifs permettant de satisfaire aux critères de l'UE, afin de respecter les acquis communautaires si chers à ses membres. Grâce à ce consensus, l'harmonisation de la législation de la Hongrie avec celle de l'UE s'est effectuée en grande partie sans difficultés politiques et cela malgré le fait qu'une alternance politique ait lieu depuis 1990 à la fin de chaque législature. La restructuration de l'économie (réformes fondamentales dans l'industrie, l'agriculture, le commerce extérieur, etc.) a exigé de considérables sacrifices de la part de la population.

Les institutions de l'UE ont beaucoup fait pour faciliter la tâche par des actions directes et par l'établissement du programme PHARE. Aux termes de la directive 1266/99/CE du Conseil de l'Union Européenne, deux nouveaux instruments financiers (ISPA — Instrument Structurel de Préadhésion — et SAPARD – Programme d'Ajustement Structurel pour l'Agriculture et le Développement Rural) ont été introduits. Alors que ces deux instruments relativement récents ont des objectifs sectoriels (les transports et l'environnement pour le premier, agriculture et développement rural pour le second), le programme PHARE a fourni une assistance générale jusqu'à la date de l'adhésion.

B – LA RÉFORME DE L'ADMINISTRATION LOCALE

Pour répondre aux critères de l'UE et en vue de bénéficier des fonds structurels et de cohésion, les pays adhérents doivent réformer considérablement leur système d'administration locale. Ainsi, ils sont obligés de former des régions qui seront les bénéficiaires de ces fonds. Même si les rapports annuels de l'UE des années 2000 et 2001 ont constaté que, dans le domaine des municipalités, c'est la législation hongroise qui est la plus compatible avec celle de l'UE, les autorités compétentes et les municipalités hongroises doivent s'investir à fond pour satisfaire aux exigences de l'harmonisation et de la préparation à l'adhésion. Le 14 janvier 2003 le Parlement hongrois a voté la modification de la loi sur les municipalités locales. Cette nouvelle loi (no I/2003 du 14-01-2003) a été complètement harmonisée avec la législation de l'UE ; ainsi assure-t-elle une bonne base pour introduire les réformes nécessaires. Le Ministère Hongrois de l'Intérieur (MHI) a fait parvenir aux municipalités en février 2003 une description méthodologique élaborée par des fonctionnaires de plusieurs ministères concernés. Ce document a servi de base au programme établi par le MHI pour que les municipalités puissent mieux se préparer à l'adhésion dans leur domaine. Dans ce but, 600 experts ont été formés, ayant comme tâche d'assister les fonctionnaires des municipalités, y compris les notaires. C'est sur la base de ce programme que les municipalités hongroises étaient capables d'accomplir les tâches de l'harmonisation juridique dans leur domaine. Les 3200 municipalités ont été amenées à modifier pas loin de dix mille textes législatifs avant le 1er mai 2004.

C – LA MISE EN PLACE D'UN NOUVEAU CADRE INSTITUTIONNEL

Au système territorial hongrois, articulé historiquement autour des départements (actuellement 19), s'est alors surimposé un système de régions, compatible avec les critères de l'Union Européenne. Le département en tant qu'entité juridique est en vigueur en Hongrie depuis plus de mille ans, mais la région n'a jamais existé (sauf la région Balaton, créée au début des années 1990 pour la coopération avec les Pays de Loire). Néanmoins, depuis 1996 une loi donne ce cadre pour le développement du territoire selon les critères de l'Union Européenne. Sur cette base, les principes directeurs de la politique de développement du territoire et même les frontières provisoires des régions ont pu être stipulés conformément au système NUTS 2 de l'UE (régions de développement et de statistique). C'est la base sur laquelle on peut construire notre système institutionnel pour la réception des aides provenant des Fonds Structurels et des Fonds de Cohésion. La Hongrie doit finaliser le statut de ces régions avant le deuxième semestre 2006 date butoir des premières élections des régions au suffrage universel. Jusqu'à cette date, ce sont les Conseils Régionaux de Développement qui assument provisoirement les tâches des Conseils Régionaux. Leur présidence est assurée en alternance par des présidents des Conseils Généraux, désignés pour une année. Actuellement, les futures régions hongroises (soi-disant régions statistiques) sont les suivantes : Hongrie du Nord, Grande Plaine Nord, Grande Plaine Sud, Hongrie Centrale, Transdanubie Ouest, Transdanubie Centrale, Transdanubie Sud[2].

Le Plan de Développement National hongrois (Nemzeti Fejlesztési Terv), également exigé par l'UE, a été élaboré à l'Office du Premier ministre par un Secrétariat d'État. C'est ce Secrétariat d'État (dont le travail est assisté par un fonctionnaire expérimenté de DATAR) qui a été chargé d'effectuer les analyses afin de définir le niveau de développement des différentes régions, de déterminer les priorités de la cohésion économique et sociale et aussi d'élaborer la méthode de cofinancement des projets PHARE, ISPA, SAPARD et, depuis le 1er mai 2004, des Fonds Structurels et des Fonds de Cohésion.

CONCLUSION

Réajustements, révision du cadre institutionnel, réforme de l'administration locale... malgré la complexité de l'harmonisation juridique exigée par l'adhésion à l'Union Européenne, le nouvel espace juridico-institutionnel est désormais en place et bien stabilisé en Hongrie.

S'il est sans doute encore un peu tôt pour en évaluer les effets, notons, pour achever, une des conséquences les plus visibles de cette transformation. Celle-ci se situe au niveau du travail des municipalités hongroises : la coopération qui les lie avec les communes, les départements et les régions français, en est considérablement facilitée, ouvrant, à terme, de nombreuses perspectives.

---

[2] Voir cartes jointes, p. 117.

Unités territoriales en Hongrie

Produit Intérieur Brut par région et par habitant

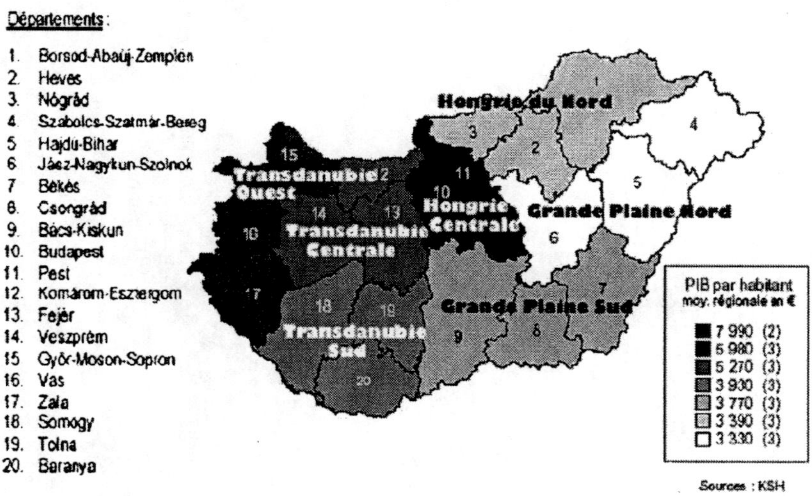

Source : Documents communiqués par l'Ambassade de Hongrie-Paris

L'IMPLICATION DES RÉGIONS EN MATIÈRE DE GESTION DES FONDS STRUCTURELS : LE CAS DE LA RÉGION CENTRE

Jean-Claude EUDE
Directeur de services au Conseil régional du Centre[1]

Courtisée par la politique, séduite par l'économie et conquise par le droit, l'Europe aux multiples visages reste comme impossible à penser par ceux qui se contentent d'y croire. Fruit d'une géographie incertaine et d'une histoire toujours recommencée, elle n'existe en fait que par ceux qui la font.

Le problème est que, même pour ces derniers, la concrétisation de l'idée de coopération ou d'intégration européenne s'apparente davantage à un processus qu'à une fin. D'où l'importance que revêt la maîtrise des mécanismes juridiques, institutionnels et financiers qui sous-tendent la construction européenne, ainsi que des modes de faire souvent très sophistiqués — exagérément complexes diront certains — qui caractérisent leur fonctionnement.

On peut toutefois considérer que si la technicité de la gestion des affaires européennes peut être source de difficultés sérieuses, elle ne constitue jamais un obstacle insurmontable.

Dès lors, tout ce qui peut être fait pour faciliter la compréhension des techniques de gestion des affaires européennes, ainsi que leur appropriation

---

1 Les opinions exprimées dans la présente intervention n'engagent que la responsabilité personnelle de leur auteur, non de l'institution à laquelle il appartient ou les services de celle-ci.

par les utilisateurs potentiels, paraît constituer une contribution essentielle au processus en cours.

Il s'agit là d'un processus qui nous concerne très directement, du fait de la *montée en puissance du facteur régional dans l'équation européenne* (I) et de l'*exploitation de la dynamique des Fonds structurels européens* (II), la Région se voyant désormais conférer *trois types de missions* (III) soulignant son rôle d'acteur à part entière dans ce processus.

I – La montée en puissance du facteur régional dans l'équation européenne

Comme l'ont relevé nombre d'observateurs, la montée en puissance européenne de l'acteur régional emprunte deux formes. On assiste d'abord à une européanisation des régions. On constate ensuite une régionalisation des politiques de l'Union européenne. Et de souligner, s'agissant de ce second volet, que « bien qu'elle ne fasse pas de distinctions entre les niveaux de collectivités décentralisées et ne se mêle pas de la distribution nationale des compétences, [l'Union européenne] valorise dans la pratique le niveau régional qui apparaît souvent comme le plus pertinent »[2].

L'enjeu est de taille, à cet égard. Et contrairement à ce que les apparences pourraient laisser croire, les véritables interrogations se posent au moins autant en termes politiques et administratifs qu'en termes financiers.

Ce qui importe, d'ores et déjà, autant que la manne communautaire qui sera consentie aux régions européennes — directement, via la mise en œuvre des Fonds structurels européens, ou indirectement, via la multitude de programmes et de plans d'action communautaires — c'est la place qui sera réservée aux collectivités régionales dans l'ordre institutionnel, à l'issue des évolutions en cours sur les nouvelles formes de gouvernance européenne, dans le sens d'une plus grande décentralisation des compétences.

Ce qui importe, d'ores et déjà, autant que l'évolution des crédits européens octroyés aux régions françaises dans une Europe élargie à des pays plus « nécessiteux », c'est la capacité qui sera reconnue aux collectivités régionales, dans l'ordre administratif, de contribuer substantiellement à la gestion des affaires européennes, au plus près des attentes exprimées par les citoyens européens en voie d'émancipation.

C'est en tous les cas la position du Comité des Régions qui, dans son avis sur le rôle des pouvoirs régionaux et locaux dans la construction européenne, considère que « le renforcement de la légitimité démocratique de l'Union européenne suppose d'accroître la participation des collectivités locales et

---

[2] Henri Oberdorff, *La montée en puissance européenne de l'acteur régional*, Territoires 2020 n° 8, juillet 2003, p. 21.

régionales aux processus de prise de décision et d'accroître leur participation à la préparation et à la mise en œuvre des politiques européennes ».

D'où l'importance, pour une collectivité régionale, de faire état de sa légitimité politique, de faire entendre sa voix également auprès des instances nationales et européennes. La participation active des Régions aux travaux de l'Association des Régions de France, ainsi que des principaux organismes de coopération institutionnelle entre régions d'Europe, constitue une voie d'action incontournable.

C'est en tous les cas dans ce contexte qu'il convient d'apprécier la portée de l'article 44 de la loi du 13 août 2004, et plus précisément de la disposition selon laquelle : « Le Gouvernement adresse, au cours du premier semestre 2006, un rapport au Parlement portant sur l'ensemble des expérimentations mises en œuvre [...], afin de lui préciser les conditions législatives dans lesquelles la décentralisation de la gestion des fonds structurels européens sera pérennisée dans le cadre des prochaines perspectives financières de l'Union européenne ».

C'est également dans ce contexte qu'il convient d'évaluer la plus value pour la collectivité régionale que pourrait constituer la gestion décentralisée des Fonds structurels pour la programmation 2007-2013, au regard des marges de manœuvre dont elle pourrait disposer effectivement pour assumer cette gestion.

Sans préjuger du parti qui sera finalement pris, on peut tout de même plaider en faveur, *a minima*, d'un effort d'anticipation de la part des Régions. Sauf à ignorer cette mise en garde, empruntée à la littérature, Paul Bowles en l'occurrence, dans *La maison de l'araignée* : « Un de ces jours, l'avenir vous tombera dessus, et vous n'y serez pas préparé. »

Pour en revenir à l'européanisation des régions, l'une des deux formes qu'emprunte la montée en puissance du facteur régional dans l'équation européenne, force est de constater qu'elle gagne à s'appuyer sur la mise en œuvre d'une stratégie d'intégration de la dimension européenne dans les politiques régionales.

Non pas de manière artificielle — ou pire encore, autoritaire — mais au contraire à travers l'exploitation des synergies autour de thèmes d'intérêt commun présentant de fortes potentialités au regard des orientations prioritaires des politiques communautaires.

Il apparaît en effet difficile de contester que les initiatives prises par la Région en faveur de la mobilité des jeunes en Europe, avec le soutien par exemple du programme LEONARDO, répondent à une demande forte et croissante de la part d'acteurs en région tels que les lycées, les centres de formation, les universités, les organismes de recherche et les entreprises.

Il est également difficile de contester l'utilité du programme régional d'actions innovatrices (PRAI) « Visa Internet Région Centre », cofinancé par l'Union européenne à hauteur de 2,1 millions d'euros, et visant à développer une véritable stratégie d'appropriation des technologies de l'information et de la communication, ainsi que du développement de leurs usages.

Difficile de contester, enfin, l'intérêt stratégique en termes d'attractivité et de notoriété du projet « Eurovéloroute des fleuves ». Cofinancé à hauteur de plus de 6 millions d'euros dans le cadre du programme INTERREG IIIB ; ce projet a pour but de favoriser l'accessibilité et le développement touristique d'un itinéraire cyclable européen de 2400 km, de Nantes à Budapest, le long de la Loire, du Rhin et du Danube.

Trois exemples, parmi tant d'autres, démontrant que l'irrigation européenne des politiques régionales est aujourd'hui une réalité.

À cet égard, il est indubitable que cette intégration de la dimension européenne dans les politiques régionales est fortement stimulée par l'exploitation de la dynamique des Fonds structurels européens.

II – L'EXPLOITATION DE LA DYNAMIQUE DES FONDS STRUCTURELS EUROPÉENS

Cela ne surprendra personne que, dans le cadre de l'optimisation de ses ressources, ainsi que de la bonne gestion des fonds publics, la Région porte une attention particulière à la mobilisation de crédits européens mis à disposition du territoire régional au titre de la politique communautaire de cohésion économique et sociale.

Parmi les objectifs prioritaires fixés par l'Union européenne, celui de reconversion économique et sociale des zones touchées par des difficultés structurelles présente un grand intérêt pour la région. D'autant plus, que la poursuite de cet Objectif 2, pour reprendre la terminologie communautaire, résulte d'une véritable démarche ascendante en termes d'établissement du diagnostic initial et de définition de la stratégie poursuivie, traduite dans un programme régional, *stricto sensu*.

Le programme Objectif 2 de la région Centre, dont l'approbation est intervenue en mars 2001, permet au territoire, jusqu'en 2006, de bénéficier d'un apport financier de l'Europe à hauteur de plus de 230 millions d'euros. De son élaboration à sa mise en œuvre, ce programme est conduit sur la base d'un pilotage régional et d'un renforcement du partenariat. En cela, il est l'émanation de la volonté affirmée de l'ensemble des partenaires.

Pour autant, au stade actuel de mise en œuvre du programme, l'évolution des relations entre la Région, l'État et l'Europe peut parfois faire penser à l'histoire de ce notable plein de bon sens (la Région), fier de son bureau et du splendide canapé qui s'y trouve, et qui, découvrant que l'élue de son cœur (l'Europe) le trompe avec son associé (l'État), dans son bureau et sur son canapé, décide, pragmatiquement ... de se séparer... de son canapé !

Pour en revenir à des considérations moins frivoles, mais tout aussi stimulantes, on soulignera que, au-delà de la co-présidence des Comités de programmation et de suivi, la Région contribue substantiellement à la bonne exécution de l'ensemble du programme Objectif 2. Son implication se concrétise à trois titres au moins, à savoir en tant que co-financeur, maître d'ouvrage et gestionnaire de subventions globales.

En tant que co-financeur, tout d'abord. À titre indicatif, en fin d'année 2003, les crédits de la Région programmés au titre de contreparties représentaient plus de 30 % des dépenses publiques nationales sur l'ensemble du programme et correspondaient à plus de 50 % des Fonds structurels mobilisés sur le territoire. Force est donc de constater que le soutien financier de la Région présente un caractère déterminant au regard de la viabilité de nombre d'opérations.

En tant que maître d'ouvrage, ensuite. Le Conseil régional est un porteur de projet comme les autres, quand bien même les projets qu'il assume sont d'intérêt et de portée régionale. Le projet de CREPS, bénéficiant d'une subvention du FEDER de plus de 7,8 millions d'euros, est exemplaire à cet égard. La réalisation de cette opération dans une logique de couplage entre la programmation et les paiements, témoigne par ailleurs de la volonté de la Région de ne pas céder aux « mirages » de la programmation de précaution.

Enfin, plus important encore, depuis le 29 août 2001, la Région assure la gestion, par délégation du Préfet de région, de 3 mesures du programme, au bénéfice des acteurs socio-économiques du territoire.

La mesure 3 (compétitivité des entreprises) et la mesure 4 (reconversion des activités économiques et amélioration de la compétitivité par la formation et l'emploi) relèvent des compétences et des champs d'intervention de prédilection du Conseil régional. La mesure 7 (amélioration de l'accessibilité et de la desserte des territoires) correspond quant à elle à une volonté affirmée du Conseil régional en matière de désenclavement et de développement du territoire.

À titre incident, on indiquera que cette dernière mesure présente la particularité d'intégrer ce que les règlements communautaires qualifient de « Grand Projet », soumis à une procédure particulière à raison de son importance financière. Le Grand Projet ferroviaire d'électrification de la ligne Tours-Saincaize, puisque c'est de lui dont il s'agit, s'inscrit en cohérence avec le réseau transeuropéen de transport, dans le cadre de l'homogénéisation des infrastructures de l'axe Nantes-Lyon, et au-delà vers Turin et Budapest. La décision de la Commission européenne, de confirmation du taux d'intervention du FEDER pour ce projet, à hauteur de plus de 17 millions d'euros, est intervenue le 31 décembre 2003.

Dès la signature des conventions de délégation de gestion, le Conseil régional s'est attaché à assurer une exécution aussi rapide et satisfaisante que possible des trois mesures concernées, représentant un montant total de crédits européens de plus de 47 millions d'euros.

Après à peine un peu plus de trois ans de mise à l'épreuve, la Région peut effectivement faire valoir des résultats satisfaisants. En témoignent par exemple les derniers éléments chiffrés relatifs à l'état d'avancement de la programmation des trois mesures concernées. En octobre 2004, il atteignait 60 % pour la mesure 3, 80 % pour la mesure 4 et 86 % pour la mesure 7.

La progression de la programmation des crédits au titre de ces mesures est particulièrement significative au regard de l'indice de référence que constitue la programmation « théorique optimale », à savoir une programmation linéaire qui aurait débuté dès avril 2001, aussitôt après l'approbation du DOCUP, et qui s'achèverait fin décembre 2006.

Les bons résultats obtenus sont à rattacher au parti pris par la Région, dès le départ, de développer un dispositif d'animation conséquent, en termes notamment d'information et de sensibilisation, d'ingénierie de projets également.

À cet égard, le choix a été fait par la Région d'intervenir au plus près des attentes de certains secteurs d'activité, dans le cadre d'un dispositif d'aide à l'émergence de projets par filières. Cela s'est traduit par exemple par le recours à un bureau d'études spécialisé dans l'ingénierie et le développement de projets touristiques pour une mission de prospection d'entreprises et de première assistance dans le montage de projets susceptibles d'être cofinancés par le FEDER au titre de la mesure 3.

Parallèlement, des moyens particuliers ont été mobilisés par la Région afin de stimuler la remontée des justificatifs de dépenses, en temps utile dans la perspective de l'application de la règle du dégagement d'office de crédits européens dès la fin d'année 2003. Étant précisé que l'introduction de cette règle du dégagement d'office constituait l'une des principales innovations de l'actuelle génération de programmes.

Très tôt, en fait dès le Comité de suivi de juin 2002, la Région a marqué sa préférence pour un pilotage du programme s'inscrivant dans une logique de prévention des risques financiers, par rapport précisément à l'application de la règle du dégagement d'office de crédits européens non consommés en temps utile.

De manière récurrente, l'accent a été mis sur la nécessaire discipline de consommation effective des crédits communautaires mis à disposition, laquelle revêt un caractère de nécessité puisque, pour reprendre les termes du règlement communautaire en vigueur : « La part d'un engagement [...] pour laquelle aucune demande de paiement [...] n'a été présentée à la Commission à l'issue de la 2ème année suivant celle de l'engagement [...] est dégagée d'office. La participation des Fonds [...] est réduite d'autant. »

Pour la Région, si la discipline de consommation passe par des mécanismes de suivi extrêmement fin des opérations en aval de la programmation (avec des dispositifs d'alerte pour les situations de non consommation des crédits ou de retard de justification des dépenses), elle peut difficilement faire abstraction d'une gestion « prudentielle » en amont de la programmation. La logique étant, pour simplifier, que la probabilité de consommation effective et en temps utile « guide » la programmation. Bien entendu, sans que, en aucune façon, cela se fasse au détriment de la qualité des projets réalisés.

Au vu des résultats obtenus à ce jour, on peut considérer que cette façon de faire a porté ses fruits. Pour ne citer que deux chiffres : le pourcentage de crédits consommés, par rapport à ceux programmés, s'élève aujourd'hui à plus de 46 % pour la mesure 3 et à plus de 40 % pour la mesure 4. Plus significatif encore, ramenée aux seules mesures gérées en subvention globale, la simulation des risques de dégagement d'office au titre de ces deux mesures fait apparaître que ces derniers sont nuls pour l'échéance de décembre 2004, et que nous sommes déjà en train de justifier des montants conséquents de dépenses pour l'échéance de décembre 2005.

Si un premier enseignement peut être tiré de l'expérience acquise, c'est qu'on ne pilote pas un porte-avions comme on barre un dériveur. Un programme pluriannuel, aux échéanciers contraignants qui plus est, se gère par anticipation, dans la durée, et non pas simplement en réaction, en instantané.

Le second enseignement, c'est que cette gestion par anticipation, dans la durée, impose l'élaboration de méthodes et la conception d'outils adaptés aux situations auxquelles on est confronté. Pour emprunter une nouvelle fois à la littérature, à Pierre Dumont en l'occurrence [dans *Le Toubab*], qui bien évidemment ne faisait pas référence à la gestion des Fonds structurels : « C'est un travail de chaque jour, plein d'imperfections et de lacunes. C'est le contraire d'un travail de recherche universitaire mais il est déjà en train de porter ses fruits. Ces gens-là sont en train de prouver le mouvement en marchant. »

En effet, l'exécution des subventions globales intervient en conformité avec les nouvelles règles et orientations fixées par la Commission européenne, porteuses de nouvelles exigences pour une gestion plus rigoureuse, rapide et transparente.

III – Missions de la Région dans la mise en œuvre des Fonds Structurels

En application du cadre fixé par les règlements sur les Fonds structurels pour la période 2000-2006, trois obligations majeures retiennent plus particulièrement l'attention. En tant qu'acteur à part entière du processus d'octroi de crédits européens, La Région se doit en effet :

Tout d'abord, assurer une bonne gestion des crédits européens mis à disposition, en veillant à la régularité et à l'efficacité de l'octroi de ces derniers.

Ensuite, bien contrôler les concours financiers, en termes notamment de détection des irrégularités et de récupération des crédits indûment versés.

Enfin, de rendre l'évaluation plus opérationnelle, en la valorisant comme instrument de programmation et de vérification des résultats.

A – La gestion

Premier volet donc, la gestion. En matière de gestion, la simplification des procédures est au cœur des préoccupations du Conseil régional. Les schémas d'instruction approuvés dès l'origine en témoignent.

À cet égard, on indiquera simplement que le Comité régional des aides, co-présidé par l'État et le Conseil régional, est le lieu privilégié d'examen partenarial des demandes de concours communautaires, et que le lien étroit assuré entre la formulation des avis de ce comité et la prise de décisions de programmation par la Commission permanente du Conseil régional contribue à la fluidité du traitement des dossiers.

Par ailleurs, l'effort de simplification des procédures s'est accompagné d'un important travail de systématisation des modes opératoires des agents du Conseil régional en charge de la gestion des dossiers Objectif 2.

Comme le relève le rapport d'évaluation intermédiaire du programme, en date d'octobre 2003, afin de répondre au mieux aux objectifs qui ont motivé l'attribution des subventions globales et aux responsabilités qui en découlent, le Conseil régional a opté pour un mode de gestion fondé sur une organisation *ad hoc* et la mise en place d'outils de gestion appropriés. Et de souligner que, « par souci d'exemplarité, le Conseil régional a souhaité privilégier la transparence et une très grande rigueur dans son mode de gestion ».

À cet égard, le dispositif élaboré peut être assimilé à une préfiguration, certes limitée, de la nouvelle gestion publique en France (Loi organique su 1er août 2001 relative aux lois de finances). C'est sans doute en cela que réside ce que d'aucuns ont qualifié de valeur ajoutée « d'apprentissage » des Fonds structurels.

En termes d'organisation, ce dispositif innovant présente l'avantage – l'inconvénient diront d'autres – de limiter ce que certain auteur appelle la brumisation du pouvoir, à savoir : « Dans l'univers des bureaux, [la] tendance des hiérarchies à se disperser pour empêcher les articulations de durcir. » [Douglas Coupland, *Génération X*].

B – LE CONTRÔLE

Afin de faire face aux exigences communautaires et nationales relatives à la mise en place d'un dispositif de vérification et de contrôle spécifique aux concours financiers octroyés au titre des subventions globales, le Conseil régional a développé, dès 2001, des outils appropriés qui sont tous opérationnels.

À titre d'illustration, on mentionnera le logiciel d'échantillonnage des opérations et des pièces justificatives à vérifier ou à contrôler, le dispositif de délégation de vérification de service fait sur pièces et sur place portant sur certaines opérations cofinancées, ou encore la grille de contrôle approfondi et la base de données s'y rapportant.

Effectivement, en complément du dispositif de vérification de service fait sur pièces concernant chaque opération, l'échantillonnage des opérations devant donner lieu à une mission de vérification de service fait sur pièces et sur place (20 % des opérations programmées) est en vigueur pour les opérations programmées à compter de janvier 2002.

Parmi les responsabilités incombant au Conseil régional figure également la mise en place et l'animation d'un système de contrôle approfondi spécifique aux concours financiers octroyés au titre des subventions globales (5 % du montant total des dépenses éligibles). Les opérations contrôlées sont issues du tirage effectué à partir du logiciel d'échantillonnage qui permet tous les 6 mois d'élaborer un programme de contrôle selon les critères de risques et de représentativité appropriés.

C – L'ÉVALUATION

En matière d'évaluation, le Conseil régional a par exemple développé des grilles d'autoévaluation dans les domaines de l'environnement, d'une part, de l'égalité des chances entre les femmes et les hommes, d'autre part. Ces outils visent à permettre aux porteurs de projets de réaliser par eux-mêmes une analyse qualitative de l'opération au regard de ces deux priorités transversales. Une série de tests de validation et deux demi-journées d'information et de sensibilisation ont permis d'éprouver ces outils auprès d'une soixantaine de porteurs de projets.

CONCLUSION

Pour conclure, et sans pour autant ignorer l'avertissement lancé par ce merveilleux conteur qu'est Birago Diop, qui rappelle dans *Les contes d'Amadou Koumba* que : « Quand la mémoire va ramasser du bois mort, elle rapporte le fagot qu'il lui plaît... », on peut espérer que les efforts consentis et les résultats obtenus inciteront à confirmer la place et le rôle des Régions dans la gestion décentralisée des Fonds structurels, au plus près des besoins des territoires en termes de cohésion économique et sociale.

Au moment où se précisent les termes et les échéances de la négociation sur la future programmation 2007-2013, il est de la responsabilité des Régions de faire en sorte que cet objectif conserve toute sa crédibilité.

La Région Centre s'y emploie, à sa manière.

Dans une logique d'anticipation, elle est à l'origine d'une étude prospective sur la Région Centre et L'Europe à l'horizon 2025. Dans le même ordre de considérations, elle s'implique dans le projet INTERREG III B d'élaboration du Schéma de Développement Polycentrique de l'Espace Atlantique, auquel contribue activement l'un de vos collègues, Monsieur Carrière. Enfin, en partenariat avec la Communauté autonome de Valence, le Land de Saxe-Anhalt et la région de la Grande Plaine du Nord de Hongrie, elle a déposé en octobre 2004 un dossier de candidature dans le cadre du programme INTERREG III C pour un projet intitulé « Partenariat stratégique pour la compétitivité régionale et le développement durable – Perspective 2007-2013 ». Ce projet, qui s'insère dans une démarche de référence interrégionale européenne dans la perspective de la future politique de cohésion 2007-2013, répond, vous l'aurez compris, au souci d'assurer une exploitation optimale des crédits mis à disposition par les Fonds structurels.

Insistons, pour achever, sur ce dernier projet de coopération interrégionale, parce qu'il confirme l'intérêt et l'importance de la coopération décentralisée entre Régions d'Europe. Le Programme Balaton illustre, en ce sens, la qualité du travail entrepris avec la Région dans la conduite de projets de coopération de ce type.

TABLE DES MATIÈRES

Imprimé en France par les
Presses Universitaires François-Rabelais
3, rue des Tanneurs
BP 4103 – 37041
TOURS CEDEX 1

Dépôt légal : décembre 2005

ISBN : 2-86906-217-6
ISSN : en cours